AF244662

LA BRETAGNE

AUX TEMPS MODERNES

(1491-1789)

RÉSUMÉ DU COURS D'HISTOIRE

Professé à la Faculté des Lettres de Rennes
en 1893-1894

PAR

ARTHUR DE LA BORDERIE

Membre de l'Institut.

RENNES

J. PLIHON ET L. HERVÉ, LIBRAIRES-ÉDITEURS

5, rue Motte-Fablet, 5.

M.DCCC.XCIV

DU MÊME AUTEUR

La Bretagne aux grands siècles du Moyen-Age (938-1364). Résumé du cours d'histoire professé à la Faculté des Lettres de Rennes en 1891-1892. — Rennes, Plihon et Hervé, libr.-éditeurs, 1892. Un vol. in-12.

La Bretagne aux derniers siècles du Moyen-Age (1364-1491). Résumé du cours de 1892-1893. Mêmes éditeurs, 1893. Un vol. in-12.

Mosaïque Bretonne (Recueil d'études historiques et littéraires, contes, légendes, documents inédits concernant la Bretagne). Rennes, Plihon et Hervé, 1893. Un vol. in-8°.

Essai sur la géographie féodale de la Bretagne, avec la carte des fiefs et seigneuries de cette province. — Rennes, Plihon et Hervé, 1889. Un vol. gr. in-8°.

Recueil d'actes inédits des ducs de Bretagne (XIe, XIIe, XIIIe siècles). — Rennes, Plihon et Hervé, 1888. Un vol. in-8°.

Le règne de Jean IV, duc de Bretagne (1364-1399). — Rennes, 1893. Mêmes éditeurs. In-8°.

Études critiques sur l'histoire des saints de Bretagne, savoir : *Les trois Vies anciennes de S. Tudual* (1887), — *Saint Maudez* (1891), — *Miracles de S. Magloire* (1891), — *Saint Goulven* (1892), — *Saint Hervé* (1892), — *Saint Efflam* (1892). — Six broch. in-8°.

Chacune de ces études comprend : une Vie latine ancienne et inédite du saint auquel elle est consacrée, avec introduction, notes et commentaire historique très développé. — Sauf la première qui est épuisée, toutes ces études se trouvent à Rennes chez Plihon et Hervé, libr.-éditeurs.

Saint Lunaire, son histoire et son église, 1881. Rennes, Plihon et Hervé. In-8°.

Saint Patern, premier évêque de Vannes, sa légende et son histoire, 1892. Mêmes éditeurs. In-8°.

Saint Servan et saint Servais. Mêmes éditeurs 1891. In-8°.

LA
BRETAGNE
AUX TEMPS MODERNES

LA BRETAGNE

AUX TEMPS MODERNES

(1491-1789)

RÉSUME DU COURS D'HISTOIRE

Professé a la Faculté des Lettres de Rennes
en 1893-1894

PAR

ARTHUR DE LA BORDERIE

Membre de l'Institut.

RENNES

J. PLIHON ET L. HERVÉ, LIBRAIRES ÉDITEURS
5, rue Motte-Fablet, 5.

M.DCCC.XCIV

AVERTISSEMENT

Ce volume contient le résumé du Cours
d'histoire de Bretagne professé à la Faculté
des Lettres de Rennes en 1893-1894. Ce cours
embrasse la quatrième et dernière partie de
l'histoire de Bretagne, — savoir, **la Bretagne
province**, — depuis sa première union à la
France par le mariage de la duchesse Anne
en 1491, jusqu'à la suppression de sa constitution provinciale, le 4 août 1789.

Quant à la rédaction du volume, je ne puis
que répéter ce que j'ai dit pour les deux pré-
cédents.

Tout le fond du texte, ce sont les excellents
résumés hebdomadaires publiés par un ami,
M. Paul Banéat, qui veut bien me permettre
d'y faire ensuite quelques retouches pour combler certaines lacunes, compléter certaines
abréviations occasionnées çà et là par les exigences de son cadre.

Je lui en suis d'autant plus reconnaissant,
et je tiens à le remercier une fois de plus de

l'exactitude du fond, de l'élégance de la forme,
avant tout, de la complaisance si aimable, si
persévérante, mise par lui dans l'accomplissement de la tâche qu'il a bien voulu se donner.

A. de la B.

LA
BRETAGNE

AUX TEMPS MODERNES

(1491-1789)

CONFÉRENCE I

(7 décembre 1893).

Le jeudi 7 décembre 1893, M. de la Borderie a inauguré, dans le grand amphithéâtre de la Faculté des Lettres et devant un auditoire toujours aussi nombreux et aussi attentif, la quatrième année de son *Cours d'Histoire de Bretagne.*

Après avoir adressé ses remerciements aux autorités universitaires pour la bienveillance qu'elles continuent à témoigner à son œuvre, et exprimé sa reconnaissance à tous ceux qui viennent l'entendre avec une fidélité si persévérante et si sympathique, il annonce son intention de pousser cette année l'étude de l'Histoire de Bretagne jusqu'en 1789, et entre de suite en matière.

Période de transition entre la Bretagne-duché et la Bretagne-province

(1491 à 1532)

Le mariage de la duchesse Anne avec Charles VIII (6 déc. 1491) n'avait pas consommé l'union de la Bretagne à la France; les deux puissants époux s'étaient fait réciproquement don de leurs droits et prétentions à la couronne de Bretagne, en sorte que, si le roi mourait sans enfants avant la reine, son successeur ne pouvait plus en aucune façon prétendre au duché; la reine, il est vrai, prenait l'engagement d'épouser, s'il était possible, l'héritier du trône, mais elle gardait une entière liberté pour édicter, dans son second contrat de mariage éventuel, les clauses qui lui conviendraient relativement à la Bretagne. La Bretagne n'était donc pas encore définitivement unie à la France; son union était toute personnelle et pouvait être rompue dans l'avenir. C'est seulement en 1532 qu'elle deviendra complète et que la Bretagne, tout en gardant son titre de duché et ses libertés politiques et administratives, se trouvera indissolublement liée à la France et constituée en province. On peut donc dire qu'il y a eu, pour la Bretagne, une période de transition comprise entre les années 1491 et 1532.

C'est cette époque de transition que nous allons d'abord étudier.

Anne de Bretagne et Charles VIII.

(1491-1498)

Bien qu la reine-duchesse soit morte en 1514, c'est sa figure qui domine toute cette période; il est donc utile d'en retracer brièvement le portrait physique et moral.

Ses traits ont été décrits d'abord par Contarini et es ambassadeurs vénitiens à la cour de France; Contarini la dépeint, à dix-sept ans, petite, maigre, légèrement boiteuse, brunette et fort jolie, rusée et tenace, très éprise de son royal époux. — Brantôme la représente à son tour belle et agréable, de taille médiocre et boitant un peu, « dont sa « beauté, dit-il, n'étoit point gâtée. » — Enfin, Leroux de Lincy, d'après l'excellent portrait du comte de la Grange, lui donne un fort beau teint, une bouche petite, de grands yeux bleus, des cheveux châtain foncé et le front haut.

Au moral, dit Brantôme, elle était vertueuse, sage, honnête et « bien disante, » bonne et charitable, quoique prompte à la vengeance.

Charles VIII, ayant des prétentions personnelles à la couronne ducale, n'avait, pas plus que les autres ducs, à donner aux Bretons une charte garantissant leurs libertés et leurs privilèges. Il y fut amené cependant d'une façon imprévue par un complot que fomentèrent en 1492 non pas, comme on pourrait le croire, les anciens défenseurs de l'indépendance nationale, mais au contraire les anciens partisans de l'alliance française. Le roi, on le sait, avait confié le gouvernement du duché à de vieux patriotes bretons, tels que Philippe de Montauban et le prince d'Orange; or, ceux qui avaient tenu le parti de la France s'indignèrent d'être mal récompensés de leurs services et projetèrent de livrer la Bretagne au roi d'Angleterre. Ce complot n'est connu que depuis peu de temps, grâce à la découverte, dans les titres de la maison de Châlon, à Besançon, de la correspondance des conjurés entre eux et avec Henri VII d'Angleterre [1].

1. Voir A. de la Borderie, *Complot breton de*

On peut suivre sa trame de mars à juin
1492. Il avait pour chef Jean II, vicomte de
Rohan, prétendant à la couronne ducale de
Bretagne ; celui-ci sut toutefois, sans se compromettre ouvertement, pousser en avant ses
affidés, entre autres, un certain Pierre Le Pennec, agent fort habile, qui gagna à sa cause
le capitaine Carreau, gouverneur de Brest, Mau-
rice du Mené, capitaine de Morlaix, Louis de
Rohan, Olivier de Coëtmen, Nicolas Coëtan-
lem, riche négociant de Morlaix, etc. — L'arrivée d'une flotte et d'une armée anglaise de
6,000 hommes devait être le signal du soulèvement ; on les attendait pour le 8 juin.

Charles VIII, ayant eu vent de l'"invasion
projetée, se disposa à la repousser ; mais Rohan, croyant imminente l'arrivée de ses alliés,
lui refusa insolemment son concours (28 mai).
Quelques jours après, un petit corps anglais
débarqua près de Tréguer, il fut de suite contraint de se rembarquer. En juin, une autre
flottille portant 1,500 hommes fit une descente
à Barfleur ; elle fut encore repoussée, et aucun
autre secours n'arriva. Le Pennec passa en
Angleterre pour presser l'expédition, mais il

1492, in-4° (1884), formant le tome II de la collection *Archives de Bretagne*, publiée par la Société
des Bibliophiles Bretons.

ne tarda pas à se convaincre que, pour le moment du moins, il n'obtiendrait rien d'Henri VII; craignant alors la vengeance de Charles VIII, il se décida à ne pas rentrer en France et écrivit à Carreau pour l'engager à le rejoindre. Celui-ci, loin de suivre son conseil, assura son salut en livrant au prince d'Orange toute la correspondance des conjurés, dont il avait reçu le dépôt : il obtint à ce prix d'être maintenu dans le gouvernement de Brest. — La divulgation de cette correspondance contraignit les conjurés à faire leur soumission, et lorsqu'en octobre la flotte anglaise parut enfin, il était trop tard; d'ailleurs les États de Bretagne donnèrent unanimement au roi les moyens de la repousser.

Les Bretons profitèrent de ces circonstances, où s'était montrée leur fidélité, pour demander à Charles VIII de confirmer les libertés de la Bretagne, ce qu'il fit par une déclaration solennelle en date du 7 juillet 1492. Dans cette déclaration, le roi reconnaissait notamment aux Bretons : 1° le droit de ne payer que les impôts consentis par l'assemblée des États; — 2° le droit d'appliquer uniquement à la défense de la province les *devoirs* et *billots* (octrois) qui y seraient levés; — 3° la souveraineté juridique du Parlement de Bretagne; — 4° le droit de n'être jamais jugés hors de leur pays.

Charles VIII mourut à Amboise le 7 avril 1498, laissant la reine accablée de douleur. Il avait eu quatre enfants, mais aucun d'eux ne lui survivait. Aux termes de son contrat de mariage, si le roi mourait avant la reine, celle-ci devait épouser soit son successeur, soit l'héritier présomptif du trône : clause à ce moment d'une réalisation difficile, car le nouveau roi, Louis XII, était marié à Jeanne de France, fille de Louis XI, et son héritier présomptif, François comte d'Angoulême, n'avait que quatre ans.

Mais Louis XII introduisit contre Jeanne de France une demande en nullité de mariage, fondée principalement sur la violence qui lui aurait été faite par Louis XI, — comme si le long silence qu'il avait gardé depuis la mort de celui-ci n'équivalait pas à une ratification expresse. Jeanne de France se défendit avec une touchante résignation, mais le roi affirma sous serment tous les faits articulés par lui, et les trois commissaires pontificaux chargés de la cause prononcèrent l'annulation du mariage, le 17 décembre 1498.

Cette sentence, toute politique, souleva l'indignation générale; la foule qualifiait à Paris les trois commissaires de *Caïphe, Hé-*

rode et *Pilate*, les prédicateurs eux-mêmes flétrissaient publiquement en chaire cette décision comme injuste et nulle.

Malgré ces protestations, Louis XII épousa Anne de Bretagne à Nantes, le 8 janvier 1499.

ANNE DE BRETAGNE ET LOUIS XII.

(1498-1514)

Les clauses du second contrat de mariage de notre duchesse étaient fort différentes de celles du premier. Louis XII, en effet, n'avait nul droit à prétendre sur la Bretagne; aussi fut-il stipulé que le duché serait dévolu au deuxième fils ou à la fille aînée à naître du mariage, et s'il ne naissait qu'un seul fils, à son deuxième fils ou à sa fille aînée. Enfin, si la reine mourait sans enfant avant le roi, le roi garderait l'usufruit du duché, mais la pleine propriété en reviendrait après sa mort aux héritiers naturels de la reine. Anne s'appliquait donc à assurer pour l'avenir l'indépendance de la Bretagne; elle obtint en même temps du roi une nouvelle reconnaissance fort explicite des libertés du pays : ainsi elle prit soin de lui garantir une administration et un gouvernement distincts.

PROCÈS DU MARÉCHAL DE GIÉ (1504).

La reine eut de Louis XII deux fils qui ne vécurent pas et deux filles, dont l'aînée, Claude de France, naquit en 1499; dès 1504, un mariage fut projeté entre la jeune princesse et Charles, duc de Luxembourg, qui devint plus tard l'empereur Charles-Quint. Malgré cette convention, très agréable à Anne de Bretagne, un deuxième prétendant était sur les rangs : François, comte d'Angoulême, à qui l'avenir réservait la couronne de France. L'auteur de ce second projet de mariage était Pierre de Rohan, gouverneur du jeune prince, plus connu sous le nom de maréchal de Gié. Ce maréchal, prévoyant la mort prochaine du roi, combattait de tout son pouvoir l'influence de la reine, et supposant que sitôt veuve elle se retirerait en Bretagne avec sa fille, il avait donné l'ordre aux officiers de la province d'Anjou, dont il était gouverneur, de l'arrêter au passage et de la conduire au château d'Angers, où il se flattait d'arracher son consentement au mariage avec le comte d'Angoulême.

En 1504, ce complot semble avoir reçu un commencement d'exécution; le roi étant tombé

1*

dangereusement malade, la reine fit diriger
par eau ses meubles et ses joyaux vers Nantes;
les bateaux qui les portaient furent arrêtés
entre Saumur et Angers. Le roi étant revenu
à la santé, une enquête fut ouverte pour établir les responsabilités de cette agression;
l'enquête ne put prouver complètement la culpabilité de Gié, mais elle révéla contre lui des
propos fort graves tendant à l'arrestation de
la reine, et le Parlement de Toulouse le condamna, le 9 février 1506, à la perte de ses
gouvernements militaires et du gouvernement
de la personne du comte d'Angoulême, à la
privation pendant cinq ans de son office de
maréchal, à la restitution d'une somme de
10,800 liv. (environ 200,000 fr. de notre mon-
naie actuelle) qu'il avait détournée pour la
solde de ses troupes au préjudice du Trésor;
de plus, interdiction absolue de s'approcher
de plus de dix lieues du séjour de la cour.

L'opinion publique était d'ailleurs très mon-
tée contre Gié : les clercs de la Basoche le prirent pour but de leurs épigrammes, et dans
une farce de carnaval, ils représentèrent un
maréchal (ferrant) s'efforçant de ferrer un *âne*
et en recevant un coup de pied, qui le jetait
hors de la *cour* dans un *verger* (le maréchal
s'étant retiré au château du Verger, en
Anjou).

VOYAGE DE LA REINE ANNE EN BRETAGNE.

(1505)

Dans le courant de l'année 1505, Anne de Bretagne profita, pour parcourir son duché, d'un pèlerinage qu'elle avait promis à Notre-Dame du Folgoët, lors d'une nouvelle maladie du roi; le maréchal de Gié ne cessant de répéter qu'elle n'était plus aimée de ses Bretons, elle avait à cœur de prouver le contraire.

Ce voyage, trop négligé par les historiens, montre le peuple de Bretagne acclamant dans sa souveraine, avec un délirant enthousiasme, le sang de ses vieux ducs, le symbole jeune et charmant de la nationalité bretonne. Ce fut une véritable marche triomphale : une multitude d'hommes, de femmes et d'enfants accouraient sur son passage et bénissaient le ciel de pouvoir contempler ses traits.

La reine arriva à Nantes le 4 juillet, elle y assista à de grandes fêtes données en son honneur, puis se rendit à Vannes, à Hennebont et à Quimper. Elle voyageait soit sur sa haquenée « Châtillone, » richement caparaçonnée, soit dans une litière ou *char-branlant* recouvert de splendides courtines : une dizaine de filles d'atour l'accompagnaient.

De Quimper, elle alla de ville en ville, en suivant la côte, jusqu'à Notre-Dame du Folgoët, où elle était le 19 août et où elle fit sa neuvaine et de grandes aumônes. Elle se rendit de là à Brest pour voir un très grand navire construit sur son ordre et de ses deniers, baptisé par elle du nom de « *la Cordelière.* » Puis elle revint au Folgoët, alla de là à Saint-Pol-de-Léon, où elle reçut l'hommage des Rohan, et à Morlaix, où l'on avait dressé un arbre de Jessé, avec personnages vivants représentant sa généalogie depuis Conan Mériadec. La ville lui offrit aussi un petit navire d'or et une hermine vivante apprivoisée portant un collier de pierreries; l'hermine sauta sur le bras de la reine, puis sur son sein, et la reine s'en effrayant quelque peu, Rohan lui dit : « Ma-« dame, que craignez-vous? ce sont vos « armes. »

À Morlaix, la reine eut une *défluxion* à un œil, et elle demanda qu'on lui apportât la précieuse relique de Saint-Jean du Doigt; la relique fut placée sur un brancard et portée processionnellement par un nombreux clergé, mais à peine était-elle dans le cimetière que le brancard se brisa; on le posa à terre et l'on s'aperçut de la disparition du saint doigt, qui fut retrouvé dans l'église « en son armoire. » La reine, en apprenant ce miracle, se jeta à genoux et s'écria « que c'estoit bien « elle qui le devoit aller trouver; » elle se rendit en effet au célèbre sanctuaire de Saint-Jean du Doigt et obtint sa guérison.

Elle visita ensuite Lannion, Tréguer, Guingamp, Saint-Brieuc, Lamballe, la Hunaudaie, Dinan et Vitré, sans pouvoir s'arrêter à Rennes, où de grandes fêtes étaient préparées en son honneur; mais Louis XII la rappelait avec instance, et elle le rejoignit à Blois à la fin de septembre.

Cependant l'opinion publique et même les Etats de Bretagne redoutaient, depuis la maladie du roi, que le mariage projeté entre Claude de France et Charles de Luxembourg ne devînt fatal au royaume, si Louis XII mourait sans enfant mâle; l'on demandait unanimement qu'elle fût fiancée au comte d'Angoulême, héritier présomptif de la couronne. Le roi lui-même acceptait cette idée, et la reine y consentit enfin, à la condition toutefois que le mariage eût lieu alors seulement qu'elle aurait perdu l'espoir d'avoir un fils. Aussi, les fiançailles furent célébrées le 19 mai 1506 et le mariage huit ans plus tard, le 18 mai 1514, quatre mois après la mort de la reine.

COMBAT DE LA CORDELIÈRE.

(1513)

Avant de mourir, Anne de Bretagne eut la joie d'applaudir à un splendide triomphe de ses Bretons, remporté dans un combat naval soutenu par son navire favori, la *Cordelière*. Le 10 août 1513, une puissante flotte anglaise croisait devant Brest; Hervé Primoguet, ou plus exactement Porzmoguer, commandant de la *Cordelière*, sortit de la rade avec quelques nefs de moindres dimensions et vint attaquer les vaisseaux ennemis, dont le nombre était au moins double des siens. Le combat présenta trois phases distinctes, qui ont été généralement peu comprises [1].

Porzmoguer, arrivant devant la ligne anglaise, s'élance fièrement sur un groupe de navires moins puissants que la *Cordelière* mais forts par le nombre; donnant dedans par le travers, il l'anéantit, coulant tout ce qu'il peut atteindre et forçant le reste à prendre la fuite.

Alors, il est rejoint et entouré par deux nefs

1. Nous suivons ici M. Jal, dont l'étude, intitulée *Marie la Cordelière*, est excellente.

ennemies, l'une, la *Régente*, aussi grande que la *Cordelière*, l'autre presque aussi forte, le *Souverain*; prise entre deux feux, la *Cordelière* riposte vaillamment et casse les mâts du *Souverain*, qui doit cesser la lutte et se retire. La *Cordelière* lui donne la chasse, mais elle est poursuivie à son tour par la *Régente*, accompagnée de deux autres navires. Assaillie de toutes parts, la nef bretonne, malgré plusieurs voies d'eau, se retourne, écarte les deux navires auxiliaires et fond sur la *Régente*.

La *Régente*, n'osant continuer la lutte à elle seule, bat en retraite; mais la *Cordelière* la serre de près, l'aborde et engage le combat corps à corps C'est alors que le capitaine anglais, Thomas Knevet, dans un suprême désespoir, fait jeter de ses hunes sur le pont du vaisseau breton des fusées d'artifice et des brandons de feu. L'incendie gagne rapidement; la *Régente* essaie, mais en vain, de se séparer de son ennemie, et les marins bretons font pleuvoir sur elle à leur tour du soufre et de la poix, continuent la lutte le long des bordages, brisent le grand mât de la *Régente*. Porzmoguer, du haut de la grande hune, exhorte les siens à une mort vaillante, leur rappelle que c'est ce jour même la fête de saint Laurent qui périt par le feu; puis, aveuglé par la fumée, il se jette tout armé dans la mer, et les deux navires s'abîment ensemble sous les flots.

Le reste de la flotte anglaise, très maltraité, s'empresse de fuir.

Anne de Bretagne mourut à Blois cinq mois après cet immortel combat, le 9 janvier 1514, à l'âge de trente-sept ans. Sa mort fut un deuil national, et Brantôme a pu écrire en toute vérité, un demi-siècle plus tard :

Tout le peuple ne se pouvoit saouler de la plorer !

CONFÉRENCE II

(14 décembre 1893).

Politique de François Ier en Bretagne jusqu'en 1532.

Louis XII mourut le 1er janvier 1515 et eut pour successeur le comte d'Angoulême, qui régna sous le nom de François Ier. Le nouveau roi avait été investi dès le 27 octobre 1514 de l'administration de la Bretagne, et depuis lors le but, l'objectif constant de sa politique fut d'arriver à détruire le second contrat de mariage de la reine Anne, qui assurait l'indépendance du duché de Bretagne. Il obtint facilement de la reine Claude, sa femme, aussi Bretonne dans le cœur que sa mère mais douce et timide, toutes les concessions qu'il désirait.

Il se fit d'abord donner, par acte du 22 avril 1515, l'usufruit de la Bretagne, puis, deux mois après (28 juin), la pleine propriété de ce duché, pour le cas où Claude décéderait avant lui sans enfants. Ce dernier acte était la violation flagrante du contrat de mariage de 1499, d'après lequel la couronne ducale devait, dans ce cas, retourner à l'héritier naturel de la duchesse, c'est-à-dire au vicomte de Rohan. Cette éventualité ne se réalisa pas; Claude mourut avant son mari (20 juillet 1524), en lui laissant sept enfants, dont trois fils. Le duché aurait dû revenir légalement à son deuxième fils, Henri duc d'Orléans, qui fut depuis le roi Henri II, mais François Ier avait obtenu de sa femme un testament qui l'attribuait à son fils aîné, François.

Le roi espérait ainsi assurer, au moins pour tout le règne de son successeur, l'union de la Bretagne à la France, mais il ne se dissimulait pas que son but n'était pas encore complètement atteint, — le contrat de mariage de la reine Anne étant une convention de droit public qui formait le droit successoral de la Bretagne, et qu'une autre convention de droit public, sanctionnée par les États, pouvait seule abolir. Aussi François Ier cherchait-il, pour faciliter son œuvre, à se rendre populaire parmi les Bretons.

VOYAGES DU ROI FRANÇOIS Ier EN BRETAGNE (1518, 1522).

C'est pour cela qu'il fit avec la reine Claude plusieurs voyages en Bretagne. En 1518, il

en fit deux : un premier au mois d'août, à
Nantes, où il fut magnifiquement reçu; un
autre en automne, où il vint à Saint-Malo au
commencement d'octobre, visita le 4 de ce
mois l'île de Césembre et son couvent de Cordeliers. Puis de là le roi et la reine se rendirent à Rennes, où ils entrèrent en grande
pompe le 9 octobre; le corps municipal leur
offrit « une ville d'argent ressemblante à ceste
« ville de Rennes, » et deux « cocquemars »
ou vases d'argent pour le service de la table :
ces objets, pesant près de trente livres, re-
présentaient une valeur actuelle d'environ
36,000 fr.

De Rennes ils allèrent à Lamballe, après
avoir traversé la forêt de la Hunaudaie, dans
laquelle ils furent faits prisonniers par les
gardes forestiers du seigneur, comme avant
eux l'avait été la reine Anne, et ils durent
payer rançon, suivant une ancienne coutume
que le roi trouva plaisant de respecter. L'origine de cette coutume remontait au temps où
les Bretons s'embusquaient dans cette forêt
pour repousser les envahisseurs étrangers, et
depuis cette époque quiconque la traversait
devait payer rançon, s'il n'aimait mieux rompre une lance avec les gardes. François Iᵉʳ et
Claude allèrent ensuite au Folgoët et à Saint-
Jean-du-Doigt, où le roi offrit un magnifique

calice qui existe encore, et auquel la tradition
a attaché par erreur le nom de la duchesse
Anne.

En 1522, le roi vint de nouveau à Rennes :
ce voyage est mentionné par Noël du Fail. En
parlant de la grosse horloge de Rennes, qu'on
entendait jusqu' « en la forest de Liffré, » il dit
que « celui, grand de corps et de nom, roi
« François y écrivit d'un poinçon sur la
« plomberie, l'an 1522, *si haut qu'homme de*
« *notre âge n'y sauroit atteindre*, ce mot :
« FRANÇOIS, qui y est encore » (en 1585).

UNION DE LA BRETAGNE A LA FRANCE
(1532).

Toutes les concessions faites par la reine
Claude à son mari ne pouvaient détruire,
avons-nous dit, le contrat de mariage de la
reine Anne : il fallait pour cela le consentement des États de Bretagne, qui semblait fort
difficile à obtenir. On n'osait leur demander
ouvertement un tel sacrifice, et l'on eut re-
cours, au dire de d'Argentré, à un expédient
imaginé par Louis des Déserts, « lors président
« en Bretaigne. » Louis des Déserts conseilla au
chancelier du Prat de gagner trois ou quatre
membres de chaque ordre, et lors, disait-il,
« toutes choses s'y feront à dévotion : le roy

« a bien moyen de faire cela avec peu de gra-
« tification. » Il voulait ainsi faire réclamer
par les États eux-mêmes l'union, contre laquelle ils auraient regimbé si le roi avait
prétendu la leur imposer.

Les États furent assemblés à Vannes en
août 1532 ; deux questions se posaient devant
eux : 1° Fallait-il, ou non, accepter l'union
définitive avec la France ? 2° en cas d'affirmative, dans quelle forme cette acceptation de-
vait-elle être faite ?

Un grand nombre de députés, que l'on
appelait les *opiniâtres*, repoussaient toute
idée d'union définitive, craignant l'asservis-
sement du pays et la perte de ses privilèges.
D'autres, au contraire, croyaient cette union
nécessaire pour assurer la paix avec la France
et pensaient que les libertés bretonnes pourraient être efficacement protégées par une
clause du traité à intervenir. Mais il leur
répugnait à tous de demander eux-mêmes
l'union, et lorsqu'on en vint aux voix, le
procureur de la communauté de Nantes ne
se crut pas suffisamment autorisé par ses commettants et demanda à retourner les consulter.
Le sieur de Montejan, lieutenant du roi,
voyant que cet exemple serait suivi et que
tout allait manquer, descendit de son siège,
menaça le procureur, et arrêta le mouve-

ment de départ qui se prononçait déjà dans l'assemblée.

Plusieurs membres des États firent observer alors qu'il valait mieux solliciter l'union en stipulant de bonnes conditions, que de la subir plus tard sans condition aucune, comme cela arriverait probablement. Il fut donc décidé que l'union serait demandée au roi sous forme de requête, avec réserve expresse du maintien de tous les droits et libertés du pays : « Gardant *toutefois*, y est-il dit, et maintenant les droits et les libertés du pays, « comme ils ont été de tout temps. »

Le roi répondit à cette supplique par une ordonnance datée de Nantes, au mois d'août 1532, dans laquelle il promettait de garder inviolablement les privilèges du duché : « Davantage voulons et nous plaît que les « droits et privilèges que ceux dudit pays et « duché ont eu par cy-devant et ont de présent leur soient gardés et observés *inviola-* « *blement,* ainsi et en la forme et manière « qu'ils ont été gardés et observés jusqu'à « présent, sans y rien changer ni innover. »

C'est bien là assurément un contrat synallagmatique et bilatéral, engageant au même titre, avec la même force, les deux parties contractantes. Les libertés ainsi formellement garanties furent énumérées dans un édit du roi donné au Plessis-Macé, près Angers, en septembre 1532 et dont voici les points principaux :

1° Vote préalable de l'impôt par les États de Bretagne;

2° Emploi des *billots* ou octrois bretons au profit exclusif de la Bretagne;

3° Maintien de la forme actuelle de la justice et de la souveraineté du Parlement de Bretagne;

4° Droit pour les Bretons de n'être point jugés hors de Bretagne;

5° Les bénéfices de Bretagne réservés aux Bretons;

6° Droit de ne point faire de service militaire hors de Bretagne (privilège qui, en pratique, ne fut jamais réclamé);

7° Nul changement dans la législation, les institutions, les coutumes, sans le consentement préalable des États de Bretagne.

Dans ces conditions, la Bretagne devenait l'alliée inséparable de la France, mais gardait sa personnalité nationale.

COURONNEMENT DU DUC FRANÇOIS III.

(13 août 1532)

Pour marquer que le pays breton n'abdiquait point son individualité, les États réclamèrent aussitôt leur duc, le dauphin de France, qui fut solennellement couronné à Rennes sous le nom de François III.

Le 12 août 1532, le duc alla coucher à l'abbaye de Saint-Melaine, et le lendemain, à trois heures de l'après-midi, le cortège ducal entra dans la ville, non plus par la porte Mordelaise, mais par la porte aux Foulons.

Le cortège se composait d'abord de trois compagnies de gens de pied levées dans la ville et fortes de 1,500 hommes : la première portant les couleurs du duc, blanc, gris et violet; les deux autres, celles de la ville, blanc et noir. Ensuite marchaient les clercs de la Basoche, au nombre de 300, le clergé des neuf paroisses avec croix et bannières, et les ordres religieux avec leurs châsses pleines de reliques. Puis s'avançait le capitaine de Rennes, Renaud de Montboucher, précédé des quatre trompettes de la ville et suivi des connétables, des officiers, du procureur des bourgeois et d'environ 200 « nobles bourgeois; » puis les huissiers de la cour de Rennes avec leurs hoquetons rouges armoriés, les notaires, les avocats et les officiers de la cour, tous richement vêtus; le chapitre de Saint-Pierre, les hérauts d'armes du duc, le vice-chancelier, les maîtres de requêtes, les abbés de la

Chaume et de Saint-Jacques, les évêques de Saint-Malo et de Coutances, les sires d'Avaugour et de Nevers, etc.

Enfin paraissait le duc monté sur un cheval magnifiquement harnaché, suivi d'un grand nombre de seigneurs.

Devant la porte aux Foulons, qui était fermée, le duc jura de maintenir les privilèges de la ville et du duché; puis la porte s'ouvrit et le prince se dirigea vers la cathédrale au milieu des salves d'artillerie et des applaudissements du peuple, qui criait avec insistance : *Vive le Duc!* et non *Vive le Dauphin!*

François III ne fit pas de *veillée d'armes;* après avoir assisté aux vêpres, il alla passer la nuit dans le manoir épiscopal. Le lendemain matin il retourna à l'église et reçut solennellement le manteau ducal, le collier de l'ordre de l'Hermine, l'épée, le bonnet et la couronne; il fit ensuite processionnellement le tour de l'église au chant du *Te Deum*, tenant l'épée nue à la main. Enfin, ayant entendu la messe, créé plusieurs chevaliers, il rentra au manoir épiscopal, où les notables bourgeois lui offrirent une hermine d'or se reposant sur une terrasse émaillée entre six beaux lis, emblème de l'union de la Bretagne à la France.

Dès le lendemain, le duc, rappelé par le roi, quitta Rennes pour retourner à Nantes.

LA BRETAGNE APRÈS L'UNION A LA FRANCE.

(1532-1558)

La Bretagne, après son union définitive à la France, jouit d'une paix presque complète pendant près de soixante ans, jusqu'au moment où commencèrent pour elle les guerres de religion (1589), et surtout pendant les trente-cinq années antérieures aux premières prédications protestantes (1558). Au cours de cette longue période, l'accord entre la province et le pouvoir royal ne fut pas toujours parfait, mais il n'y eut que des querelles passagères qui ne causèrent pas de désordres sérieux.

A part la propagande protestante, dont nous parlerons plus tard comme préface à la Ligue en Bretagne, ces soixante années ne nous présentent guère que trois ordres de faits dignes d'être notés dans un exposé général d'histoire comme celui qui constitue notre Cours, savoir : 1° les attaques répétées des côtes de Bretagne par les ennemis de la France, spécialement par les Anglais ; — 2° l'établissement de nouvelles institutions judiciaires ; — 3° la prospérité de la province, en particulier des populations rurales.

ATTAQUES CONTRE LE LITTORAL BRETON.

Ces attaques furent, il faut le reconnaître, la conséquence directe de l'union. La Bretagne indépendante, depuis le commencement du xve siècle, était restée en paix avec toutes les puissances maritimes; elle fut assaillie au xvie siècle à titre de province française, par les ennemis de la France.

Outre la croisière anglaise de 1513 qui aboutit au célèbre combat de la *Cordelière,* il faut signaler, entre autres, les descentes des Anglais à Morlaix en 1522, — à Locmariaker, aux îles d'Houat, d'Hédic, et à Belle-Ile en 1548, — la présence d'une flotte anglaise devant Saint-Malo et d'une flotte espagnole dans le Morbihan en 1554, — d'une nouvelle flotte espagnole à Belle-Ile, Guérande et la Roche-Bernard en 1557, — une descente de 12,000 Anglo-Hollandais au Conquet en 1558, etc.

L'attaque de Morlaix eut lieu dans des circonstances particulièrement odieuses : le 30 juin 1522, avant toute déclaration de guerre, 2,000 Anglais débarquèrent pendant la nuit dans la rivière de Morlaix et marchèrent sur la ville, profitant de l'absence de la noblesse et des bourgeois, qui étaient

aux montres de Guingamp ou à la foire de
Noyal près Pontivi. Déguisés en marchands
et en paysans, ils approchèrent sans éveiller
les soupçons et s'emparèrent des portes « sur
« la minuit. »

Au milieu de la panique générale, deux personnes, un prêtre et une jeune fille, tentèrent
seules de se défendre : le recteur de Ploujean
leva le pont de la porte Notre-Dame, monta
dans la tour et tira sur les assaillants jusqu'à
ce qu'il fût tué lui-même d'un coup de feu.
Pendant ce temps, une chambrière, rassem-
blant quelques autres filles dans une maison
de la Grande-Rue, ouvrit la trappe de la cave
qui se trouvait derrière la porte d'entrée,
laissa cette porte entr'ouverte; les Anglais, se
précipitant dans cette maison, tombèrent dans
la cave au nombre de plus de quatre-vingts et
s'y cassèrent têtes, bras, jambes; mais cette
héroïque Bretonne paya de la vie son patriotisme; elle fut jetée « du haut en bas sur le
pavé. »

Le pillage dura toute la nuit, puis les Anglais regagnèrent leurs navires avec un riche
butin et de nombreux prisonniers. Toutefois,
six à sept cents de ces pillards s'étant endormis
ivres-morts au bois du Stifel, à six cents pas
de la ville, y furent égorgés jusqu'au dernier
le lendemain matin par le comte de Laval,

venu de Guingamp en toute hâte à la première nouvelle du désastre.

La descente de 1558, beaucoup plus formidable par le nombre (12,000 Anglo-Hollandais), fit d'abord de grands ravages au Conquet et dans les environs; mais bientôt toute la population du Léon, se levant sous les ordres d'un brave gentilhomme appelé Kersimon, força les envahisseurs à se rembarquer après leur avoir tué 500 hommes et fait beaucoup de prisonniers.

RÉFORME DES INSTITUTIONS JUDICIAIRES.

Le Parlement de Bretagne, qui jugeait en appel les procès instruits dans toutes les juridictions du pays, ne siégeait depuis 1495 qu'un mois par an : de là des lenteurs considérables dans l'administration de la justice. Pour y remédier, le roi Henri II créa, en 1552, quatre grands tribunaux dits *Présidiaux*, à Nantes, à Rennes, à Vannes et à Quimper, — et en mars 1554 un nouveau *Parlement*, composé de trente-deux conseillers au lieu de dix-huit et de quatre présidents au lieu de deux. Ce Parlement siégea d'abord trois mois à Rennes et trois mois à Nantes, mais, après de longues querelles, Rennes finit par obtenir que toutes les sessions fussent tenues dans ses murs (4 mars 1561).

PROSPÉRITÉ DE LA BRETAGNE AU XVI⁰ SIÈCLE.
ÉTAT DES POPULATIONS RURALES.

Grâce à la paix dont elle jouit pendant un siècle, depuis le mariage de la duchesse Anne jusqu'au commencement de la Ligue, la Bretagne redevint prospère, d'autant plus que, les guerres civiles et religieuses désolant la France depuis le milieu du xvi⁰ siècle, un grand nombre d'habitants des provinces voisines venaient y chercher la sécurité, ce qui augmentait notablement la richesse du pays. Vers 1580, la Bretagne était surnommée, au dire de la Popelinière, « le Pérou des François. »

Noël du Fail nous a laissé, dans ses *Propos rustiques,* de curieuses descriptions de la vie rurale aux environs de Rennes, et ces descriptions, prises sur le vif, sont un précieux témoignage de la prospérité du pays. Noël du Fail représente les jeunes gens de nos campagnes jouant, les jours de fête, à l'arc, aux barres et à divers autres jeux, tandis que des vieillards causent entre eux des coutumes du pays. — Les paysans, disent ces vieux, ont de bonnes robes de *bureau* bien *calfeutrées* (bien doublées), ils s'occupent uniquement de leurs affaires et sont tous contents de leur sort, « jasant librement, le soir « aux rais de la lune, de quelques bagatelles, « et riant à pleine gorge. » A chaque fête, quelqu'un du village invite les autres à « dis-« ner, à manger sa poulle, son oyson, son « jambon; » le curé préside au repas; après le repas les danses; puis l'on va visiter « quelque champ ou pré bien accoustré, » et l'on écoute les vieillards qui font l'éloge de la vie champêtre.

Le chanoine Moreau, de son côté, affirme qu'avant les guerres de la Ligue il n'était pas rare de trouver, chez les paysans de Cornouaille, « quantité de grandes tasses ou ha-« naps d'argent doré et choses semblables » (1re édit., p. 343).

Une telle existence devait nécessairement favoriser la longévité; aussi dans les récits de Noël du Fail est-il souvent question de centenaires. Il conte notamment une curieuse histoire qu'il tenait du président de la Porte, alors conseiller au Parlement de Rennes. Dans la forêt de Catalun ou de la Hardouinaie, le président de la Porte rencontra un jour, près d'une modeste cabane, un vieillard âgé de quatre-vingts ans au moins qui pleurait comme un enfant, parce que, disait-il, son *père* l'avait battu. Intrigué par cet aveu, le président s'approche de la loge et y trouve un « vieux prud'homme, » portant beaucoup plus de cent ans, lequel avoua avoir frappé son fils parce qu'il ne se hâtait pas assez d'aller chercher de l'eau pour son *père,* à lui, malade dans la maison. A l'intérieur, en effet, se trouvait un troisième vieillard, couché sur un lit de feuilles. Il dit au président en souriant qu'il était malade pour la première fois de sa vie, qu'il avait pour métier de faire des écuelles et des cuillers de bois; il ne savait rien de son âge, sinon que son fils avait soixante ans lorsqu'il l'envoya vendre de cette vaisselle de bois à l'armée bretonne qui fut vaincue, peu de jours après, à Saint-Aubin du Cormier (1488).

La date de cette bataille permet de reconstituer approximativement l'âge de ces vieillards. La rencontre du président de la Porte ne peut être antérieure à 1554, époque de la création du Parlement de Bretagne; le fils, âgé de soixante ans en 1488, devait donc avoir alors au moins cent vingt-six ans et son père environ cent cinquante.

Ces vieillards si obstinés à vivre, n'est-ce pas un symbole de la Bretagne qui, elle aussi, malgré tant d'épreuves, s'obstine opiniâtrément à ne pas mourir?

CONFÉRENCE III

(21 décembre 1893).

Troisième période de l'histoire de Bretagne. La Bretagne province.

(1532-1789)

Dans les deux premières conférences, nous avons étudié l'époque intermédiaire entre la Bretagne duché indépendant et la Bretagne unie définitivement à la France comme province; nous abordons maintenant l'étude de la Bretagne province, c'est-à-dire la troisième période de l'histoire de Bretagne, qui s'étend de 1532 à 1789.

Cette période se divise en trois époques.

La première comprend toute la fin du xvi⁰ siècle et la première moitié du xvii⁰, depuis 1532 jusqu'au gouvernement personnel de Louis XIV, en 1661; elle est caractérisée par une politique modérée, respectueuse des franchises bretonnes, et par les guerres de religion.

La seconde embrasse la fin du règne de

Louis XIV, jusqu'en 1715; elle est marquée par l'avènement du pouvoir absolu, qui, sans porter atteinte aux formes extérieures de la constitution bretonne, annule souvent en fait ses privilèges.

La troisième, enfin, s'étend de 1715 à 1789 : c'est l'époque de la réaction et de la lutte contre l'absolutisme.

PREMIÈRE ÉPOQUE. — GOUVERNEMENT MODÉRÉ ET GUERRES DE RELIGION (1532-1664).

Dans ce long laps de temps, il y eut plus d'une fois, nous l'avons dit, des différends entre la province et la couronne, mais ils se terminèrent toujours à l'amiable. Excités ordinairement par le zèle excessif d'agents subalternes, ils étaient apaisés le plus souvent par une mesure équitable de l'autorité royale. C'est ainsi qu'à la suite de difficultés soulevées en 1567, 1569, 1576, 1578, le roi Henri III, par un édit de juin 1579, donna gain de cause aux États en déclarant que, « s'il se présente aucunes lettres ou édits, en « la cour du Parlement ou ailleurs, préjudi- « cians aux privilèges et libertés du pays, les « États de Bretagne ou leur procureur-syndic « pourront se pourvoir par opposition et « autres voies accoutumées à bons et loyaux

« sujets, permises en justice, nonobstant tout
« ce qui pourrait avoir été fait au contraire. »
Le roi autorisait ainsi la résistance légale des
États contre l'arbitraire du pouvoir et en ré-
glait même la procédure.

La Bretagne, sous cette administration libé-
rale, s'accoutumait peu à peu à sa situation
nouvelle; mais les dissensions religieuses
étaient à la veille de détruire son calme et de
compromettre sa prospérité.

Le Calvinisme en Bretagne (1558-1589).

La Réforme fut introduite en Bretagne,
à la Roche-Bernard, en 1558, par d'Andelot,
frère de l'amiral de Coligny et époux de l'héritière des Laval-Vitré. Les Laval, les Rohan,
les Rieux et plusieurs autres puissantes fa-
milles secondèrent les efforts de d'Andelot et
entraînèrent une partie de la noblesse; mais
la bourgeoisie fut très peu entamée par l'hérésie, et les campagnes pas du tout.

Les progrès du calvinisme furent, du reste,
peu rapides; en 1563, on comptait en Bretagne une douzaine d'églises réformées, parmi
lesquelles celles de Vitré, de la Roche-Bernard, du Croisic, de Blain, de Rennes et de
Nantes étaient seules florissantes; encore la
population de ces deux dernières villes, surex-

citée par la présence des huguenots, se livrait-
elle souvent contre eux à des manifestations
fort peu sympathiques.

A Rennes, par exemple, des pluies abondantes ayant inondé et dévasté les campagnes
pendant l'été de 1560, le peuple vit dans ce
fléau un châtiment de Dieu suscité par les doc-
trines hérétiques et demanda des processions,
qui furent faites les 12, 16, 17 et 25 juillet.
La première passa en face de la boutique d'un
tailleur huguenot qui refusa de se découvrir
devant la croix; il fut accablé d'injures, et ses
coreligionnaires étant venus à son secours,
une mêlée s'ensuivit, qui faillit devenir sanglante. — A la deuxième procession, l'apprenti
d'un apothicaire, voulant rester également
tête couverte sur le passage des reliques, fut
décoiffé par la foule; un peu plus loin, près
de la Porte-Blanche, la procession passa devant la maison de Bouzillé, en partie démolie
par l'inondation et appartenant à un chef
huguenot appelé Escouflart; aussitôt les cris
de la populace reprirent de plus belle pour
durer jusqu'au soir, où l'on brûla même sur
un bûcher un mannequin figurant l'apothicaire. — A la dernière procession, un médecin
de la rue Saint-Sauveur, nommé Melot, une
des têtes de la secte, excita à son tour la fureur
populaire; sa maison fut forcée et envahie,

et, chose curieuse, on le trouva en consultation avec un apothicaire et un prêtre, le recteur de Goven; ce dernier, aussitôt taxé d'hérésie, fut roué de coups comme les deux autres, et Melot emprisonné, ainsi qu'Escouflart. Le gouverneur de Bretagne, Jean de Brosse, ne put les remettre en liberté qu'après les avoir fait transférer à Nantes.

Les protestants, de leur côté, commirent ou tentèrent souvent des actes de violence très graves contre les catholiques.

Néanmoins, tant que dura le gouvernement de Jean de Brosse, duc d'Étampes et comte de Penthièvre, ces conflits n'eurent jamais de suites sérieuses; le gouverneur s'efforça de prévenir les troubles, protégeant même au besoin les protestants. Mais il mourut le 31 janvier 1565 et eut pour successeur son neveu, Sébastien de Luxembourg, vicomte de Martigues, duc d'Étampes, comte puis duc de Penthièvre, qui n'observa pas la même modération et fit aux calvinistes une guerre acharnée. Aussi, en 1568, d'Andelot tenta-t-il d'enlever ce gouverneur, mais son complot échoua, et il mourut lui-même peu après, ainsi que Martigues.

La mort de d'Andelot, grande perte pour les huguenots de Bretagne, ne fut pas compensée par la mort de Martigues, car à ce-

lui-ci succéda comme gouverneur Louis de
Bourbon, duc de Montpensier, ardent ennemi,
lui aussi, du calvinisme. Non content d'a-
voir pris part aux massacres de la Saint-Bar-
thélemy, Montpensier envoya au maire de
Nantes, et probablement aussi aux autres
villes de Bretagne, l'ordre d'imiter l'exemple
de Paris; mais cet ordre, en Bretagne, ne fut,
grâce à Dieu, obéi nulle part.

Malgré cela, l'épouvante causée par ce
massacre et la crainte de le voir se renouveler
portèrent un coup terrible aux églises réformées de Bretagne et en dispersèrent les pas-
teurs. L'un d'eux, Louveau, de la Roche-
Bernard, s'embarqua en octobre 1572 avec
quelques coreligionnaires, fut jeté par la tempête dans le hâvre d'Abervrac'h, fait prisonnier, délivré par une demoiselle huguenote,
caché à Morlaix pendant deux mois, et finit
par s'embarquer pour l'Angleterre le 1er janvier 1573.

Les ministres revinrent peu à peu en Bretagne et cherchèrent à rétablir leurs églises,
mais la plupart d'entre elles n'eurent plus
qu'une existence précaire; trois ou quatre
seulement avaient de sérieuses assises, et là
même les huguenots n'étaient pas encore
bien nombreux : à Vitré, par exemple, regardé comme le boulevard du protestantisme

breton, on compta au plus 750 protestants sur une population de 8,000 habitants.

LA LIGUE EN BRETAGNE. — MERCŒUR.

Sans son union à la France, la Bretagne aurait donc probablement évité le fléau des guerres de religion, les réformés de Bretagne étant trop faibles pour affronter la lutte. Mais cette union modifiait complètement la situation : l'héritier de la couronne était huguenot, l'on craignait qu'il ne voulût imposer l'hérésie à la France, et pour l'en empêcher, les catholiques français formèrent une association appelée la *Sainte-Union*, plus connue dans l'histoire sous le nom de *Ligue*, dont le but était de n'accepter pour roi qu'un catholique. La Bretagne, comme province française, entra dans cette association ; en le faisant, elle n'entendait servir aucune ambition personnelle plus ou moins légitime, mais uniquement défendre sa foi ; c'est ce qui ressort clairement des termes du serment prêté par les ligueurs aux États tenus à Nantes en 1591 : « Nous jurons et promettons à Dieu de vivre « et mourir dans la religion catholique, apos- « tolique et romaine, *sous l'obéissance d'un* « *roi catholique* lorsqu'il plaira à Dieu nous

« le donner, *et de ne reconnaître pour roi*
« *un prince qui soit hérétique.* »

La Ligue, légitime dans son principe, cessa
de l'être du jour où Henri IV abjura le calvinisme et promit de maintenir le royaume
dans la foi catholique (27 février 1594). Les
ligueurs français désarmèrent presque aussitôt ; les Bretons continuèrent pendant quatre
années encore les hostilités. Cet entêtement
en apparence inexplicable a engendré l'opinion — soutenue par certains auteurs modernes — que, sous prétexte de religion, la
Bretagne cherchait à reconquérir son indépendance. Tout dans l'histoire condamne cette
hypothèse. Nous venons de voir le serment
des États de 1591 ; ceux de 1594, qui furent
les derniers tenus par la Ligue en Bretagne,
protestèrent à leur tour « vouloir demeurer
« *inséparément* unis à la couronne de France. »
Il n'y avait donc nulle idée de séparation.

La prolongation de la lutte eut pour cause
l'ambition du gouverneur de Bretagne, le duc
de Mercœur, et surtout celle de sa femme, fille
de Sébastien de Luxembourg, duchesse de
Penthièvre, descendante directe de Nicole de
Brosse, et par elle, de Charles de Blois. Malgré cette descendance qui, en ces temps de
troubles, pouvait tenter fortement l'ambition

de Mercœur, il ne semble pas avoir jamais rêvé sérieusement de reconstituer à son profit le duché de Bretagne. Figure fort complexe, Mercœur est regardé par certains historiens comme un ambitieux hypocrite et incapable, tandis que d'autres en font un héros. En réalité, il était, à ses débuts, un catholique sincère repoussant un roi hérétique ; esprit intelligent, très lettré, d'une ambition vaste mais irrésolue, il n'avait pas les aptitudes d'un chef de parti. Prince lorrain, il prétendait à un grand rôle politique, mais rien ne prouve qu'il désirât autre chose qu'une vice-royauté quasi indépendante, sans prétendre changer son titre de gouverneur pour celui de duc de Bretagne.

La duchesse de Mercœur, plus ardente que son mari, aspirait ouvertement au titre de duchesse de Bretagne, et mettait au service de son ambition la popularité qu'elle s'était acquise par sa beauté et sa vive éloquence. Pendant quatre ou cinq ans elle crut toucher de la main la réalisation de son rêve, mais peu à peu ce mirage enchanteur s'éloigna d'elle, alors elle le poursuivit avec l'entêtement du désespoir et ne se rendit que quand toute résistance fut devenue impossible. C'est elle surtout qui, après l'apaisement général, a prolongé la lutte sans autre motif que son ambition personnelle, et qui a ainsi infligé à la Bretagne quatre années absolument inutiles de guerre et de désastres (de 1594 à 1598).

La guerre de la Ligue dans notre province eut trois phases : la première, entièrement favorable aux catholiques, s'étend de 1389 à la bataille de Craon (23 mai 1592); — la seconde, qui finit en juin 1594, est une période indécise; — la troisième, déclin et chute de la Ligue, commence avec la venue en Bretagne du maréchal d'Aumont et finit avec la Ligue elle-même, en mars 1598.

DÉBUT DES GUERRES DE LA LIGUE. NANTES, CAPITALE DE MERCŒUR.

(Mars 1589.)

Le double assassinat du duc et du cardinal de Guise aux États de Blois, en 1588, décida Mercœur à se déclarer ouvertement pour la Ligue. Le roi chercha à prévenir sa défection en envoyant près de lui, pour lui donner de bons conseils, d'abord le sieur de Gesvres, magistrat distingué, puis le premier président du Parlement de Rennes, Faucon de Ris; mais ils échouèrent l'un et l'autre; le premier président fut même arrêté en route par ordre de

Mercœur et enfermé à Ancenis (2 mars 1589).

La possession du château et de la ville de Nantes était fort importante pour Mercœur, qui chercha de suite à s'en rendre maître. Le commandant du château se laissa facilement séduire par les charmes de la duchesse et livra la place ; quant aux bourgeois de la ville, ils tentèrent de résister, dressèrent même quelques barricades ; mais l'ambitieuse princesse descendit dans la rue, harangua le peuple, rappela en termes éloquents l'assassinat des Guise, l'alliance du roi avec les hérétiques, et elle entraîna la foule. Un petit nombre d'habitants, quatre-vingts environ, persistèrent seuls dans leur opposition et furent jetés en prison.

Le lendemain arrivèrent à Nantes des députés du Parlement et de la bourgeoisie de Rennes pour demander l'élargissement du premier président ; loin de faire droit à leur demande, Mercœur les gagna à sa cause et les renvoya à Rennes prêcher la Ligue.

RENNES, CAPITALE DES ROYALISTES.

(5 avril 1589.)

A Rennes, les évêques de Rennes et de Dol, les chanoines, commencèrent à travailler pour

Mercœur; le reste du clergé suivit leur exemple, il fit des prédications et organisa des processions que beaucoup d'hommes suivirent pieds nus, quelques-uns même en chemise (mars 1589). Le capitaine de Rennes, Montbarot, huguenot, voulut s'opposer à ces cérémonies, mais les ligueurs combattirent son influence en faisant courir le bruit qu'il allait faire entrer à Rennes une garnison huguenote, bruit accrédité par la maladresse de Montbarot, qui tenta de remplacer dans le commandement de la porte aux Foulons un capitaine de milice catholique par un autre d'une orthodoxie suspecte. Aussitôt les cinquanteniers catholiques s'emparèrent de cette tour et barricadèrent les rues. Malgré un arrêt du Parlement ordonnant de mettre bas les armes, les ligueurs se firent livrer, le soir même, les clefs de la ville. Montbarot se réfugia dans la porte Mordelaise (13 mars 1589), qu'il fut obligé de rendre le 16, après l'arrivée de Mercœur; il se retira alors dans son manoir de la Martinière.

Mercœur resta à Rennes pendant une quinzaine de jours, il ne sut pas prendre les mesures nécessaires pour assurer sa conquête. Il partit le 28, alla surprendre Fougères et ensuite mit le siège devant Vitré. C'est là qu'il apprit que Rennes, par une nouvelle et soudaine révo-

lution, venait de chasser les ligueurs (5 avril).
Cette révolution inattendue avait eu pour principales causes l'arrogance des lieutenants que
Mercœur avait laissés dans la ville et aussi l'influence du Parlement qui, bien que catholique,
était fortement attaché à la cause royale. Le
5 avril au matin, quelques magistrats, après
s'être concertés la veille avec la compagnie
des notaires, sortirent dans les rues, une
pique à la main, aux cris de : *Vive le Roi!*
Les notaires les suivirent, puis tous les bourgeois; Montbarot accourut, vit devant lui
s'ouvrir les portes de la ville et fit prisonniers les officiers de Mercœur.

Cet évènement eut pour la cause royale
une capitale importance; il lui donna pour
appui, avec une forte place d'armes, la grande
influence morale des juristes et du Parlement.

DÉROUTE DU COMTE DE SOISSONS.

(1er juin 1589.)

Le roi destitua Mercœur de son gouvernement de Bretagne (10 avril 1589) et nomma
à sa place Charles de Bourbon, comte de Soissons, qui partit aussitôt pour prendre possession de ses fonctions. Toute la frontière
bretonne était gardée par les ligueurs, à l'ex-

eption de Châteaubriant; cet étroit passage semblant difficile, Soissons laissa à Segré le gros de ses troupes et entra en Bretagne avec sa cavalerie seulement. Mercœur alla l'attendre à Forges, près de la Guerche; il ne tarda pas à apprendre que son ennemi avait tourné par Pouancé, Rougé, Janzé et Châteaugiron, il se mit à sa poursuite. Le comte de Soissons arriva, en effet, à Châteaugiron le 1er juin, vers midi; croyant avoir dépisté Mercœur, il s'installa tranquillement dans une maison de la ville, fit reposer ses chevaux et remit au lendemain son entrée à Rennes.

Les troupes de Mercœur atteignirent à leur tour Châteaugiron vers neuf heures du soir, et lorsque la nuit fut venue, elles attaquèrent la place à l'improviste de deux côtés à la fois. Il n'y eut pas résistance sérieuse, Soissons fut fait prisonnier, et Mercœur, après lui avoir courtoisement rendu son épée, l'emmena au château de Nantes.

L'infortuné gouverneur n'y resta pas long-temps. Ses repas lui étaient apportés de la ville par les gens de sa maison dans un grand panier, contenant la vaisselle et le linge de table. Après trois semaines de captivité, il réussit à se cacher dans ce panier sous des nappes et des bouteilles, et s'enfuit hors de Bretagne.

Arrivée du prince de Dombes à Rennes.

(13 août 1589)

Sur les entrefaites, le 1er août 1589, Henri III périt assassiné : sa mort fut connue à Rennes vers le 15, au moment où arrivait le nouveau gouverneur, le prince de Dombes. Cet évènement porta un coup terrible à la cause royale, car le nouveau roi, Henri IV, était un hérétique; on ajoutait généralement peu de foi à la promesse qu'il faisait d'embrasser la religion catholique, et un grand nombre de royalistes passèrent au parti de la Ligue. Rennes, Brest, Vitré et quelques places sans importance restèrent seules en Bretagne fidèles au roi.

Cependant Henri IV remportait, le 21 septembre 1589, la brillante victoire d'Arques, s'emparait des faubourgs de Paris, parcourait en maître la Beauce et la Touraine, arrivait jusqu'à Laval. Là (le 13 décembre 1589), il reçut le prince de Dombes accompagné d'une députation du Parlement de Bretagne, de gentilshommes bretons et de bourgeois de Rennes, et il les séduisit par son aménité, sa franchise, sa belle humeur.

CONFÉRENCE IV

(28 décembre 1893).

PRISE DU CHATEAU DE SAINT-MALO PAR LES MALOUINS (12 mars 1590).

Les habitants de Saint-Malo, en apprenant l'assassinat des Guise, s'étaient déclarés pour la Ligue, se mettant ainsi en désaccord avec leur gouverneur, le comte de Fontaine, catholique tiède et très fervent royaliste. En temps ordinaire, la milice bourgeoise, qui gardait les portes, les murailles et les tours de Saint-Malo, recevait les ordres du gouverneur qui occupait le château; mais à partir de ce moment, les Malouins résolurent de se soustraire à l'autorité du comte de Fontaine. Le 29 mars 1589, l'*assemblée générale des bourgeois*, composée d'une centaine de personnes, institua quatre *capitaines-généraux*, chargés de la surveillance des quatre quartiers de la ville, et un *conseil* de dix-huit membres, auquel furent conférés tous les pouvoirs de l'assemblée générale elle-même. Ce conseil, présidé par le procureur-syndic (ou maire), devait se réunir au moins chaque lundi, et les membres étaient tenus d'assister à toutes les séances, sous peine d'une amende de deux écus. La ville s'affranchissait ainsi complètement de l'autorité du gouverneur.

Lorsque la mort d'Henri III fut connue à Saint-Malo, le conseil des Dix-huit eut une entrevue avec Fontaine pour savoir s'il reconnaîtrait pour roi Henri IV hérétique : celui-ci répondit affirmativement et paya même quelques enfants pour parcourir la ville en criant : *Vive le roi!* Aussitôt des chaînes se tendirent dans les rues, une barricade fut élevée devant la porte du château, dans lequel le gouverneur se trouva comme assiégé. Sur ce un traité intervint : Fontaine, gardant le titre de gouverneur, promit de ne point prendre le parti du roi de Navarre, à condition que les Malouins lui paieraient 4,000 livres pour ses appointements annuels.

En décembre 1589, Henri IV, alors à Laval, ayant annoncé son intention de venir prochainement en Bretagne rétablir l'autorité royale, les Malouins demandèrent alors à Fontaine s'il recevrait le roi dans le château. Sur sa réponse nettement affirmative, les bourgeois prirent la résolution de s'emparer le plus tôt possible de cette forteresse.

Le château se composait alors, comme aujourd'hui, d'un donjon isolé au milieu d'une enceinte flanquée de quatre tours; il était séparé de la ville par une haute muraille et un large fossé qui ont disparu; des douves profondes, envahies par la mer deux fois le jour, l'entouraient de toutes parts. La porte Saint-Vincent n'existait pas encore; le *Sillon*, beaucoup plus étroit qu'aujourd'hui, aboutissait à la porte Saint-Thomas, l'entrée de la ville étant ainsi entièrement dominée par le château.

Au commencement de mars 1590, sur l'annonce que Fontaine allait renforcer sa garnison, le conseil des Dix-huit résolut de tenter de suite l'escalade par la plus forte tour du château, la *Générale*, qui avait alors 105 pieds de hauteur. Ils avaient déjà gagné deux soldats de la garnison. Le 11 mars au soir, ils convoquèrent chez un des Dix-huit cinquante-cinq hommes vigoureux et résolus, et après leur avoir expliqué l'entreprise, tous se rendirent pendant la nuit au pied de la *Générale*.

Frotet de la Landelle, l'un des chefs de ce complot, nous a laissé un récit émouvant de l'escalade et de la prise du château. Grâce à la connivence des deux soldats, une échelle de corde fut attachée à la gueule d'une coulevrine placée sur la plate-forme de la tour, et l'escalade commença. Lorsqu'une·dizaine d'hommes étaient déjà ainsi suspendus en l'air, une secousse terrible se produisit, les conjurés se crurent trahis et précipités à terre : néanmoins, ni un mot, ni un cri. On s'aperçut que cette secousse provenait d'un mouvement de bascule de la coulevrine déterminé par le poids des assaillants, mais qui fut arrêté par la rencontre de la pièce contre le parapet de la tour. Ils reprirent alors leur ascension, et quelques instants après ils étaient tous au sommet de la *Générale*. Aussitôt ils se jetèrent sur le corps de garde, et firent main basse sur tout ce qui s'y trouvait.

Mais l'alarme était donnée et la garnison accourut ; vivement repoussée, elle se divisa en trois bandes : La Bruyère, capitaine des gardes, se retira au donjon avec une trentaine d'hommes pour défendre Fontaine ; douze à quinze autres rentrèrent au logis de La Péraudière, lieutenant du château, et le reste, quatre-vingts environ, se sauva de divers côtés. Pendant ce temps, une partie des assaillants occupait les plate-formes, et les autres descendaient dans la cour à la poursuite des ennemis.

Le bruit qui se faisait au château répandit promptement l'alarme dans la ville ; les habitants accoururent en foule et essayèrent de faire tomber les chaînes du pont-levis, mais ils n'y réussirent pas, et ils allaient tenter de rompre le guichet, lorsque le portier leur ouvrit lui-même la porte. Frotet de la Landelle, pénétrant aussitôt dans la cour, se dirigea avec huit hommes vers la chambre de La Péraudière et le somma de se rendre, en lui faisant entendre qu'il y avait cinq cents hommes de la ville dans le château. La Péraudière, après une courte défense, mit bas les armes et fut envoyé au comte de Fontaine pour lui proposer une capitulation.

La porte du donjon était restée ouverte, mais l'escalier fort étroit se trouvait barricadé, ce qui rendait toute surprise impossible. Au bout de quelque temps, le messager revint et annonça la mort de Fontaine, frappé d'un coup de feu à la tête. Le malheureux gouverneur, réveillé au bruit, n'avait pas semblé pressé d'en rechercher la cause; après s'être « habillé à loisir, comme pour aller « aux noces, sans qu'aucune éguillette man- « quât d'être attachée, » il était monté vers la salle haute du donjon, en se faisant précéder par un valet portant un flambeau; passant devant une des fenêtres de l'escalier, il reçut une balle tirée de la cour par un Malouin qui avait visé au hasard dans la direction de la lumière.

La mort de Fontaine ne semblait pas devoir

hâter la reddition de la place, car La Bruyère, capitaine de ses gardes, fit savoir qu'il se défendrait jusqu'à la dernière extrémité; mais quelques barils de poudre ayant été roulés au bas de l'escalier du donjon avec menace de le faire sauter, La Bruyère se rendit la vie sauve.

Après la reddition de la place, une somme de 47,000 écus, trouvée au château, fut distribuée aux assaillants; les habitants enlevèrent les meubles et la vaisselle d'argent, et les chefs du complot partagèrent avec le syndic des bourgeois les joyaux et les bijoux de la dame de Fontaine.

Tel fut ce glorieux épisode de la prise du château de Saint-Malo, qui ressemble plus à un fragment d'épopée qu'à un chapitre d'histoire. Et depuis lors les enfants de la ville de granit n'ont pas dégénéré : ils se sont appelés du Guay Trouin, Robert Surcouf, Maupertuis, Broussais, Lamennais, Châteaubriand — et avant tous ceux-là, Jacques Cartier !

La perte du château de Saint-Malo fut pour le parti du roi un grave échec et un grand gain pour la Ligue, mais qui ne profita point à Mercœur. Malgré toutes ses cajoleries et toutes ses menaces, les Malouins ne voulurent admettre dans leurs murs ni garnison ni gou-

verneur de sa main. Ils donnèrent au parti
catholique des secours d'hommes et d'argent,
mais restèrent toujours maîtres chez eux,
maintenant la sécurité de leur ville, la prospérité de leur commerce, et se gouvernant en
vaillante république municipale jusqu'en octobre 1594, qu'ils rentrèrent de leur plein
gré sous l'autorité du roi Henri IV, catholique
et orthodoxe.

Les Espagnols en Bretagne (1590).

Dès les premiers mois de l'année 1590, le
prince de Dombes, gouverneur de Bretagne
pour le roi, fut informé que Mercœur avait
obtenu de Philippe II, roi d'Espagne, la promesse d'un secours militaire, à la condition
qu'il lui donnât pour port d'attache le vaste
estuaire formant de nos jours la rade de Lorient, avec la place forte de Blavet (actuelle-
ment Port-Louis) pour le défendre. Les Blavetins, par leurs relations fréquentes avec les
calvinistes de La Rochelle, étaient très peu
portés vers la Ligue. Jérôme d'Aradon, sire
de Quinipili, capitaine d'Hennebont, dont
Blavet dépendait, avait cependant obtenu leur
adhésion au parti de Mercœur, le 7 septembre
1589; mais ils l'abandonnèrent le 28 du
même mois.

Le prince de Dombes résolut d'aller soutenir les Blavetins contre les attaques répétées de Jérôme d'Aradon, qui avait à cœur de reprendre leur ville ; le prince espérait par là empêcher l'arrivée du secours espagnol, qui évidemment ne débarquerait pas si l'on ne pouvait lui livrer Blavet. Pour arriver à son but, il résolut de s'emparer d'Hennebont : opération difficile, car il ne disposait que de 3,000 hommes et il avait à traverser, de Rennes à Hennebont, un pays tout dévoué à la Ligue. Il partit néanmoins et arriva devant la ville le 14 avril 1590 avec sa petite armée, munie de huit grands canons et de quatre coulevrines qu'il avait fait venir de Brest par mer ; d'Aradon avait à peine 200 hommes dans la place.

Le 14 avril au soir, le prince de Dombes somma la ville de se rendre ; puis il creusa ses tranchées, dressa ses batteries, et après une deuxième sommation il ouvrit le feu le 24 avril. Le lendemain, il tira contre la place « 700 coups de canon moins un, » et, jugeant la brèche praticable, il ordonna l'assaut. La brèche, cependant, était si étroite que douze défenseurs suffisaient à la garnir entièrement. Dombes, espérant fatiguer les assiégés, dirigea contre eux une colonne de 1,200 hommes dont 1,000 furent pendant l'assaut rele-

vés successivement par des troupes fraîches.
Malgré cela, il ne put entrer dans la place
et eut 500 hommes tués ou blessés. Jérôme
d'Aradon fut, comme il l'a écrit lui-même,
« abatu de la ruine d'un canon, » c'est-à-dire
renversé par les pierres qu'un boulet avait
détachées de la muraille ; il perdit peu de
monde ; des défenseurs de la brèche quatre
seulement furent tués. Malgré ce succès,
d'Aradon se vit contraint de céder huit jours
plus tard aux exigences des habitants ; il signa
le 2 mai une capitulation honorable et se retira à Vannes : « de quoy, dit-il, je crevois
« de despit et en pensay enrager. »

Fier de sa victoire, le prince de Dombes
reprit le chemin de Rennes, cherchant quelque
nouvel exploit à accomplir. Apprenant que
Mercœur était à Josselin avec des forces res-
pectables, il marcha à sa rencontre, culbuta
sa cavalerie et la rejeta sur la rive gauche de
l'Out. Mercœur, s'avançant alors, déploya son
armée en face de Dombes sur cette même
rive gauche sans traverser la rivière. Pendant ce temps, Dombes se mettait en ligne de
bataille dans la lande du Chêne-Tort, sur la
rive droite, en avant de Malestroit. Après
s'être attendus ainsi l'un l'autre pendant trois
ou quatre jours, les deux rivaux se retirèrent
sans combattre, chacun de son côté. Dombes

logea ses troupes à Malestroit, Ploërmel, Rochefort en Terre et rentra à Rennes.

Mercœur, profitant de son départ, simula une marche sur Hennebont, puis tourna au Sud et tomba à l'improviste sur Blavet. Les habitants se défendirent courageusement, les femmes elles-mêmes montèrent sur les murailles, et l'une d'elles tua d'un coup de pique Lonchamp, l'un des mestres de camp de Mercœur; mais, au plus fort de l'assaut, trois ou quatre vaisseaux de guerre ligueurs débarquèrent dans le hàvre de nouvelles troupes qui prirent les Blavetins à dos. Attaqués de toutes parts, ceux-ci cherchèrent à s'enfuir par mer, du côté de Vannes : plusieurs barques furent prises, d'autres coulèrent sous le poids des malheureux qui y avaient cherché un refuge, et un grand nombre se jetèrent à la mer pour ne pas tomber sous le glaive de leurs ennemis. On raconte que trente jeunes filles, se tenant par la main, se précipitèrent ensemble dans les vagues en chantant des cantiques, pour échapper à la brutalité des vainqueurs (11 juin 1590).

Dès que Dombes connut cet événement, il réunit quelques troupes et marcha vers Mercœur; celui-ci se trouvait alors près d'Auraì, sur la rive droite de la rivière; il passa sur l'autre rive et se retira à Vannes, où il fut suivi par les royaux. Le prince de Dombes ne pouvait songer à attaquer cette ville et il se contenta, pour attirer Mercœur, d'escarmoucher devant les faubourgs; les Ligueurs répondirent à ces provocations par une sortie de 50 cavaliers, qui infligèrent aux royalistes un sanglant échec. Ceux-ci se lassèrent bientôt d'attendre, sous un soleil brûlant, des ennemis qui passaient tranquillement leur temps dans Vannes à courir la bague et « boire du vin frais; » ils décampèrent, et alors Mercœur, sans être inquiété, rentra à Josselin avec ses troupes (19 juin).

Dombes, pour se venger, se jeta sur les principales places du duché de Penthièvre, domaine particulier de la duchesse de Mercœur, et d'abord sur Moncontour, petite ville mal fortifiée, qui après avoir vaillamment soutenu deux assauts, capitula. De là, il se rendit devant Lamballe; il entra sans résistance dans la ville qui n'avait pas de murailles, et il se disposait à attaquer le château, lorsqu'il apprit la marche de Mercœur vers Dinan et Saint-Malo : il s'empressa de lever le siège et d'aller à sa rencontre, mais il s'aperçut trop tard que cette marche était une feinte pour délivrer Lamballe : Mercœur alla simplement, de Josselin, s'enfermer dans Redon. Dombes aurait voulu alors reprendre le siège de Lamballe, mais la chaleur excessive et la lassitude de son armée l'obligèrent d'y renoncer, et il rentra à Rennes le 8 juillet 1590.

Le lendemain, il alla rendre compte au Parlement de son expédition, et le premier président, Faucon de Ris, lui fit entendre que, Blavet étant resté entre les mains de Mercœur, l'expédition avait piteusement échoué ; il se plaignit en même temps de la licence des troupes, qui pillaient cruellement, impartialement, amis et ennemis. Dombes, tête légère et frivole, traita ces remontrances de radotages et passa en jeux, en fêtes, le reste de l'été.

Au commencement de septembre, il se décida à aller avec 4,000 hommes attaquer Mercœur, qui assiégeait Pontorson en compagnie du gouverneur d'Avranches, appelé de Vicques. Avant d'arriver devant Pontorson, il apprit que, de Vicques ayant été tué dans la tranchée, Mercœur avait levé le siège et ramené ses troupes dans les faubourgs de Dol. Dombes alla l'y attaquer impétueusement, mais fut repoussé avec perte et contraint de rentrer à Rennes.

Un mois plus tard, le secours espagnol, cause première de toute la campagne que nous venons de raconter, arriva en Bretagne : il était fort de 5,000 hommes, commandés par don Juan d'Aquila. Des vents contraires empêchèrent la flotte de débarquer à Blavet; elle aborda à l'embouchure de la Loire, et de là les troupes furent dirigées sur la Roche-Bernard, puis sur Vannes, tandis que la flotte allait par mer prendre possession de Blavet (octobre 1590).

Mercœur, avec ce gros renfort, voulut reprendre Hennebont, qui menaçait constamment Blavet : il envoya d'abord devant cette place deux de ses meilleurs capitaines, d'Aradon et Saint-Laurent d'Avaugour, puis il s'y rendit lui-même avec l'infanterie espagnole (9 novembre 1590). Malgré la rigueur de la saison, les opérations du siège furent menées rapidement; une brèche fut ouverte, et le capitaine royaliste Antoine du Pré, sommé de se rendre, promit de capituler s'il ne recevait pas de secours dans un délai de huit jours (22 novembre). Du Pré sortit, en effet, de la place le 1er décembre, et l'intrépide ligueur Jérôme d'Aradon, sieur de Quinipili, y fut rétabli comme gouverneur.

Ainsi se trouva complètement détruite l'œuvre à laquelle le prince de Dombes avait, cette année-là, consacré tous ses efforts.

CONFÉRENCE V

(4 janvier 1894).

LES ANGLAIS EN BRETAGNE (1594).

A la fin de décembre 1590, il y eut à
Rennes une session des États de Bretagne du
parti royaliste, qui confirmèrent de nouveau
l'union, reconnurent solennellement Henri IV
sous la condition qu'il maintiendrait la religion catholique, et demandèrent au roi d'appeler en Bretagne un corps d'auxiliaires
anglais pour faire face aux Espagnols de
Mercœur, s'engageant à payer toutes les dépenses de ce corps auxiliaire. Henri IV n'eut
garde de repousser cette requête, et Gabriel
Hus, trésorier des États, fut envoyé comme
négociateur vers la reine Élisabeth, qui, le
4 avril 1591, lui promit une armée de 3,000
hommes, sous la condition d'avoir pour
place de sûreté le port et la forteresse de
Paimpol.

Les troupes anglaises débarquèrent à Paimpol vers la fin du même mois, mais La Tremblaie, l'un des chefs du parti royaliste, les fit

aussitôt rembarquer et passer dans l'île de Bréhat, dont les habitants, très dévoués à la Ligue, inquiétaient sans cesse les côtes de la baie de Saint-Brieuc. A l'approche de l'ennemi, les Bréhatins s'enfuirent, les uns dans leurs propres barques, les autres sur deux navires que les Malouins leur avaient envoyés, et les Anglais ne trouvèrent dans l'île qu'une vingtaine d'hommes qui s'obstinèrent à défendre seuls leur fort. Après s'en être emparé, La Tremblaie en fit pendre les courageux défenseurs aux ailes des moulins à vent, et livra l'île à l'incendie et au pillage. Il ne garda pas longtemps sa conquête; dès le 1er juin, un corsaire malouin, Jean Jonchée des Portes, reprit Bréhat pour la Ligue et y mit une garnison malouine.

Dombes, fort de ses auxiliaires anglais, résolut de s'emparer de Guingamp, la place la plus importante de l'apanage de Penthièvre; il arriva devant cette ville vers le 20 mai 1591, avec 1,500 Bretons, 1,500 lansquenets allemands et 2,400 Anglais; il donna inutilement trois assauts et aurait sans doute échoué définitivement sans la trahison d'un des défenseurs de la place, nommé La Cointerie. La Cointerie, Angevin de naissance, avait d'abord été pâtissier dans les cuisines du duc de Mercœur; il devint ensuite soldat, puis capitaine, enfin mestre de camp, c'est-à-dire chef d'un régiment d'infanterie. Il fit pendant quelque temps les fonctions de gouverneur de Vannes, et révolta tout le monde par son orgueil. Mercœur donna le gouvernement de Vannes à l'un des d'Aradon, rappela La Cointerie et l'attacha à sa personne, en alléguant la confiance particulière qu'il avait en lui. Celui-ci n'en conçut pas moins de sa révocation un cruel dépit et résolut de s'en venger.

Le siège de Guingamp lui en fournit l'occasion : de l'intérieur de la place il noua des intelligences avec Dombes et lui promit, moyennant 30,000 écus, d'amener la ville à capituler. Aussitôt il usa de son influence pour déterminer l'envoi d'une députation qui, sous prétexte de pourparlers, verrait par elle-même quelle était la force des assiégeants ; en même temps il informait ceux-ci de prendre leurs dispositions en conséquence. Les députés rentrèrent intimidés de ce qu'ils avaient vu ; La Cointerie exagéra effrontément au gouverneur le nombre des ennemis et par ses mensonges, ses faux rapports, le détermina à rendre la place (8 juin 1591).

Mercœur, qui avait réuni 7,000 hommes à Pontivi pour faire lever le siège de Guingamp, résolut, en apprenant cette capitulation, de marcher sur Châtelaudren, où était allé s'établir le prince de Dombes. Celui-ci de son côté venant à la rencontre de Mercœur, les deux armées se trouvèrent en présence sur la lande ou montagne du Marhalla, en la paroisse de Boqueho. Une ancienne tradition prédisait qu'une terrible bataille d'hommes serait un jour livrée en ce lieu, jadis témoin d'une grande bataille d'oiseaux, entre pies et geais, dans laquelle, au bout d'une journée de lutte, selon la légende, les geais avaient triomphé, après avoir tué 4,000 pies et perdu eux-mêmes 2,000 des leurs.

Le 20 juin, Mercœur arriva au sommet de la lande et aperçut Dombes au bas de la montagne; le 21, il fit descendre quelque peu ses troupes et il y eut un combat d'avant-garde; puis les escarmouches se ralentirent, et aucun des deux adversaires ne voulant quitter ses positions, ils finirent par se retirer sans combattre davantage (25-26 juin 1591), l'un vers Corlai, l'autre vers Châtelaudren.

Pendant ce temps, Henri IV, sur les plaintes du Parlement de Rennes, avait envoyé auprès du prince de Dombes, en qualité de conseil, le célèbre La Noue, Breton de naissance, l'un des meilleurs capitaines du parti protestant. La Noue alla avec Dombes assiéger le château de Lamballe; mais s'étant trop exposé, il reçut un coup de feu à la tête et mourut de cette blessure le 4 août, ce qui amena la levée du siège.

L'arrivée des auxiliaires anglais n'eut pas, on le voit, pour le parti royal beaucoup plus de résultats que le débarquement des Espagnols pour le parti de la Ligue : ceux-là prirent Guingamp, ceux-ci Hennebont. Par ailleurs la situation restait la même, et la malheureuse Bretagne s'enfonçait de plus en plus dans les calamités de la guerre civile.

La bataille de Craon (23 mai 1592).

Les débauches et le cidre de Bretagne avaient causé de grands ravages dans le corps auxiliaire anglais ; sur les instances des États, le prince de Dombes résolut d'utiliser, pour une nouvelle expédition, les 15 à 1.600 hommes qui restaient valides, et au commencement de février 1592 il se rendit à Laval, où il convint avec le prince de Conti, gouverneur de l'Anjou et du Maine, d'aller mettre le siège devant Craon. Cette ville, riche et bien fortifiée, était dans cette région la seule qui tint pour la Ligue.

Dombes hâta ses préparatifs, quitta Rennes le 9 avril, fit sa jonction avec le prince de Conti, et commença les opérations du siège. L'effectif des deux armées réunies était d'environ 8,000 hommes; Dombes campait sur la rive droite de l'Oudon, à l'ouest de la ville, et Conti sur la rive gauche. Les rivalités, les « pointilles d'honneur » entre les chefs firent perdre beaucoup de temps; on ne put commencer à battre la place que vers le 20 mai, quarante jours après l'investissement.

Mercœur, pendant ce temps, tenait à Vannes les États de la Ligue; renseigné sur les lenteurs de ses ennemis, il se préparait sans bruit à entrer en campagne, et le 22 mai il arriva à l'improviste avec une armée de 6,800 hommes, dont 4,000 Espagnols, à Bouche d'Usure, petit château situé à moins d'une lieue de Craon, menaçant immédiatement la rive droite de l'Oudon.

Dombes, affolé par cette surprise, passa à la hâte sur la rive gauche, sans même songer à détruire ou faire garder le pont de bateaux qui unissait les deux rives. Dès le 23, Mercœur s'en servit pour passer la rivière : lorsque son avant-garde l'eut traversée, un des chefs royalistes voulait l'assaillir de suite avec toutes les forces de Dombes et de Conti, mais les princes hésitèrent à prendre une décision, et pendant ce temps toute l'armée de Mercœur passa sans résistance.

Les troupes royalistes occupaient une position étroite, où elles ne pouvaient se déployer sans s'exposer au feu de la place assiégée; elles n'osèrent livrer bataille dans ce terrain désavantageux et battirent en retraite sur Châteaugontier. Dombes commandait l'arrière-garde où étaient les corps les plus solides, notamment un bataillon d'élite de 200 piquiers et arquebusiers. Mercœur se mit à la poursuite de l'armée royale et lança sur ses flancs des troupes légères pour rejoindre et arrêter l'avant-garde; celle-ci ainsi attaquée se débanda, bientôt la déroute fut générale. Le bataillon d'élite, commandé par Dombes en personne, tint seul tête à l'ennemi, mais malgré des prodiges de valeur, il dut se replier sur Châteaugontier.

Les pertes des royalistes montèrent à 800 morts et un très grand nombre de prisonniers. Les Anglais furent particulièrement éprouvés; ils revinrent à Vitré au nombre de 800 à peine. Peu de temps après, ils allèrent s'installer à Ambrières, près de Mayenne, où, un beau jour, au bout de quelques mois, ils furent surpris, massacrés, par le capitaine ligueur Laval-Boisdauphin : 300 au plus parvinrent à s'échapper.

La reine Élisabeth, instruite du désastre de ses troupes, envoya sous les ordres de Norris un nouveau secours de 2,500 hommes, qui débarqua à Granville à l'automne de 1592.

La défaite de Craon fut pour la cause royaliste non seulement un échec militaire, mais encore un échec moral considérable : elle marque le point culminant de la fortune de la Ligue en Bretagne. Si, au lendemain de sa victoire, Mercœur avait résolument marché sur Rennes, les portes se seraient ouvertes devant lui; mais le chef des Espagnols, don Juan d'Aquila, refusant de le suivre, rentra à Blavet pour en terminer les fortifications, et Mercœur resté seul se trouva trop faible pour continuer la campagne.

Le roi d'Espagne avait ses motifs pour s'opposer à l'anéantissement du parti royaliste en Bretagne : il convoitait ce duché pour sa fille aînée, l'infante Claire-Eugénie, petite-fille d'Henri II, roi de France, et par lui héritière directe d'Anne de Bretagne. L'acte d'union de 1532 rendait, il est vrai, cette prétention insoutenable; mais Philippe II, comme Mercœur, refusait de le reconnaitre. Il avait donc intérêt à ce qu'aucun des deux partis en lutte (Mercœur et Henri IV) ne prît sur l'autre en Bretagne une supériorité définitive. Il voulait au contraire les amener à se détruire l'un l'autre, afin de jouer lui-même, le moment venu, le rôle du troisième larron et prendre la Bretagne pour son infante. Telle était la politique que d'Aquila avait mission de servir.

Réduit à ses propres forces, Mercœur enleva encore quelques places plus ou moins importantes, Malestroit, Corlai, Rostrenen, Quintin, le château de Callac, la tour de Cesson, — mais il ne put tenter aucune opération décisive.

Quant à Dombes (devenu duc de Montpensier par la mort de son père, 8 juin 1592), il passait joyeusement son temps en chasses, en carrousels, en fêtes galantes et ne semblait plus même songer à sa défaite de Craon. Le Parlement, qui s'était constitué son tuteur politique, nomma quatre de ses membres pour l'assister de leurs conseils et l'empêcher de gaspiller les deniers publics. Dombes, exaspéré de cette surveillance, chassa de Rennes deux conseillers. Ces folies découragèrent un certain nombre de royalistes qui, au commencement de 1593, formèrent un projet de complot pour livrer cette ville à Mercœur. Ce projet ne reçut d'ailleurs aucun commencement d'exécution. Aussi, quand on le découvrit, le Parlement inclinait-il à l'indulgence; mais Dombes se saisit de l'affaire, l'instruisit en deux jours et fit décapiter le chef du complot, le baron de Crapado (4 février 1593). Cette exécution illégale, impitoyable, souleva une indignation générale. Dombes fut obligé, dix jours après, de quitter la Bretagne pour n'y plus revenir.

Pendant les trois années de son gouvernement, le parti royaliste n'avait fait que décliner en cette province, tellement qu'en janvier 1593 les États, dans leur *remontrance* au roi, ne pouvaient citer que treize places capables de recevoir une garnison : Rennes, Brest, Clisson, Derval, Vitré, Montmuran, Montfort, Ploërmel, Malestroit, Moncontour, Paimpol, Guingamp, Tonquedec, — et là-dessus quatre seulement avaient de l'importance. Dans plus des deux tiers de la Bretagne le roi n'avait pas un poste fortifié. Avec cela, les États faisaient le plus triste tableau de la situation de la province et de ses habitants, pillés, ruinés, massacrés par les hommes de guerre des deux partis (D. Morice, *Preuves* III, 1557).

LE MARÉCHAL D'AUMONT (1593-1594).

Pour remédier à cet état de choses et pour relever son parti, c'est-à-dire pour commander en Bretagne, Henri IV avait, dès le 20 août 1592, choisi le maréchal d'Aumont, un peu vieux (72 ans), mais habile capitaine et habile politique. Le maréchal, hésitant devant les lourdes responsabilités de sa charge, n'entra dans la province qu'en juin 1593.

L'abjuration d'Henri IV (25 juillet 1593) ne produisit pas tout d'abord en Bretagne d'effets aussi sensibles que dans le reste de la France; mais d'Aumont comprit que le mouvement éclaterait bientôt, pour peu que l'impulsion fût donnée; aussi fit-il voter par les États, en octobre 1593, des fonds pour la campagne de l'année suivante et la nomination de députés chargés de solliciter un nouveau secours de troupes anglaises.

Ses prévisions ne tardèrent pas à se réaliser. Paris ouvrit ses portes au roi le 22 mars 1594, et en Bretagne, Lézonnet, l'un des plus ardents ligueurs, donna le signal de la soumission. Les autres chefs ligueurs ne cachant pas leurs vœux formels pour la paix, Mercœur, obligé de céder, en apparence au moins, à leurs instances, dut consentir à entamer dans ce but des conférences à Ancenis.

C'était pour d'Aumont le moment de déployer hardiment la bannière royale et de convier tous les bons citoyens, tous les amis de la paix et de la patrie, à se réunir autour d'elle. Le maréchal le comprit; sans attendre le secours anglais, il fit une petite armée de

3 à 4,000 hommes de bonnes troupes et marcha résolument vers la Basse-Bretagne.

Pour montrer que son but était avant tout de rétablir la sécurité dans le pays, il commença par détruire près de Guingamp les repaires de deux brigands qui se prétendaient l'un royaliste, l'autre ligueur.

Puis il alla sommer les habitants de Morlaix de lui ouvrir leurs portes, ce qu'ils firent après quelques jours de négociations (25 août 1594). La garnison s'était réfugiée au château, où elle attendait avec confiance le secours de l'armée de Mercœur. Celui-ci, en effet, de Carhaix où il était avec 3,000 hommes, s'en vint à l'abbaye du Relec opérer sa jonction avec les 4,000 Espagnols de don Juan d'Aquila, pour marcher de là ensemble sur Morlaix. Mais au dernier moment d'Aquila, fidèle à la politique de Philippe II, émit des prétentions inacceptables, entre autres le sac de la ville par ses Espagnols, et voyant ses exigences rejetées, il retourna à Blavet. Mercœur seul ne se crut pas de force à attaquer l'armée royale, d'autant qu'elle venait de recevoir un renfort de 4,800 Anglais; il se retira sur Quimper. Le château de Morlaix fut alors obligé de capituler (24 septembre), ce qui acheva la soumission de tout le Léon. — Dix jours plus tard, à l'autre bout de la Bretagne, Saint-Malo reconnaissait spontanément l'autorité d'Henri IV.

Sans perdre de temps, le maréchal d'Aumont marcha sur Quimper, où le parti de la paix comptait de nombreux partisans : il arriva devant la place le 9 octobre. Après une sommation infructueuse, il mit d'abord en batterie ses pièces de campagne : les milices bourgeoises firent bonne contenance. Mais devant la grosse artillerie de siège les habitants se rendirent (11 octobre).

SIÈGE DU FORT DE CROZON.

(Novembre 1594.)

Cette brillante campagne fut terminée par un exploit qui suffirait à lui seul pour illustrer le maréchal d'Aumont.

En mars 1594, malgré les protestations de Mercœur, les Espagnols avaient commencé de bâtir, sur la pointe septentrionale de la presqu'île de Crozon, une forteresse inexpugnable qui commandait toute la rade de Brest [1]. Cette pointe, de forme triangulaire, bordée de deux côtés par une falaise abrupte

_____

1. Ce fort était bâti, à proprement parler, dans la

de 200 pieds de hauteur, n'est accessible que par le troisième côté à peine large de 150 pas. Cette face était défendue par deux gros bastions réunis par une courtine couverte d'une demi-lune. D'Aumont résolut de s'emparer de ce fort avant qu'on ne l'eût rendu inattaquable. Il le fit investir dès le 15 octobre par du Liscouët, et y arriva lui-même vers le 25; son armée se composait de 5,700 hommes, y compris 2,000 Anglais commandés par Norris; les Espagnols, aux ordres du capitaine Praxède, n'étaient que 450 hommes, nombre suffisant pour l'étendue et la défense de la place.

Les difficultés de l'attaque étaient encore augmentées par le manque complet d'abri sur la grande lande nue qui s'étendait devant le fort; deux pieds de terre à peine couvraient le rocher de granit, ce qui rendait impossible de creuser des tranchées; enfin la nature elle-même semblait favoriser les Espagnols, car pendant les quatre semaines que dura le siège, la tempête et la pluie ne cessèrent pas.

Malgré tous ces obstacles, d'Aumont parvint à former deux attaques distinctes contre les deux bastions, l'une confiée aux Français, l'autre aux Anglais, et à dresser en batterie,

presqu'île de Roscanvel, à la pointe Nord, dite encore aujourd'hui *pointe des Espagnols.*

à cinquante pas du fossé, douze gros canons et quelques petites pièces. Le 2 novembre, il donna un premier assaut aux deux bastions pour en reconnaître la force ; le 4, il fit une nouvelle attaque qui échoua. La situation devenait critique pour le maréchal, car les maladies décimaient ses troupes, et il avait constamment à craindre qu'une armée ennemie ne vînt secourir la place. Les assiégés, du reste, le harcelaient par de continuelles sorties ; ils faillirent même détruire ses ouvrages dans une attaque soudaine exécutée au fort d'une tempête, le 9 ou le 10 novembre, et dans laquelle du Liscouët trouva la mort.

Enfin, au moment où il redoutait le plus d'être pris à revers par les forces combinées de d'Aquila et de Mercœur, d'Aumont tomba malade. Heureusement Mercœur, pour se venger de la défection de d'Aquila devant Morlaix, lui refusa son concours pour délivrer Crozon. Malgré ce refus, d'Aquila se mit en marche avec 4 à 5,000 hommes, et arriva le 16 novembre presqu'à l'entrée de la presqu'île, à une journée de marche du fort. D'Aumont résolut alors de tenter un effort suprême ; après avoir fait battre la place pendant toute la nuit du 16 novembre et le 17 jusqu'à midi, il donna l'assaut. Les 1,200 hommes valides

qui lui restaient, il les forma en plusieurs
petits pelotons destinés à marcher les uns
après les autres, afin de fatiguer les assiégés.
On attaqua simultanément les deux bastions.
Deux colonnes anglaises et deux colonnes
françaises furent d'abord repoussées. A ce
moment arriva de Brest le gouverneur de
cette place, Rieux de Sourdéac : il conduisit
le troisième assaut, dans lequel le capitaine
espagnol Praxède, commandant du fort, fut
tué.

Cependant la nuit approchait, qui allait forcément suspendre l'assaut; le fort résistait
toujours, et le lendemain matin d'Aquila arrivait!

Alors d'Aumont fit appeler le vaillant mestre
de camp Romégoux, jusque-là tenu en réserve,
et auquel il confia le commandement du quatrième assaut. Depuis longtemps Romégoux
brûlait de combattre, il demandait que « son
« corps servît de pont pour faire passer son
« roi dans la place. » Au moment de partir,
il dit à ses soldats en leur montrant le fort :

« — J'entrerai là, mort ou vif. Si j'y entre
« vif, suivez-moi; si je suis tué auparavant,
« jetez mon corps dedans et suivez-moi en-
« core; c'est le dernier devoir d'obéissance
« que je vous demande! »

D'un bond il s'élance au haut de la brèche

et se précipite dans le fort, où il tombe percé de coups; mais ses soldats y entrent à sa suite, et après eux toute l'armée.

Treize Espagnols seuls, dont neuf blessés, survécurent à ce désastre; ils furent trouvés le lendemain cachés dans les rochers du rivage et renvoyés sans rançon à d'Aquila avec une lettre de d'Aumont attestant l'héroïque résistance des assiégés.

La prise du fort de Crozon déracinait l'invasion espagnole et frappait à mort, du même coup, le parti de la Ligue en Bretagne.

CONFÉRENCE VI

(11 janvier 1894).

Mort du maréchal d'Aumont.

(19 août 1595.)

La brillante campagne du maréchal d'Aumont en 1594 présageait la ruine prochaine de la Ligue en Bretagne : en trois mois à peine, la Cornouaille et le Léon, c'est-à-dire les deux tiers de la Basse-Bretagne, avaient été soumis au roi et les Espagnols chassés d'une position réputée inexpugnable; aussi les États de Bretagne, dans une adresse au maréchal datée du 25 novembre 1594, lui donnèrent-ils le titre de « vrai père et seul restaurateur « de la province. »

Si d'Aumont avait disposé de forces suffisantes, la Ligue eût certainement été écrasée définitivement en 1595. Mais, cette année même, en mars, la reine Élisabeth rappela les auxiliaires anglais (2,000 à 2,500 hommes), et Henri IV ne put combler ce vide, à cause de la guerre qui venait d'éclater entre lui et le roi d'Espagne. D'Aumont, réduit à une armée de 2 à 3,000 hommes, ne pouvait songer à entreprendre, comme il l'aurait fallu, une campagne décisive dans les pays de Nantes et de Vannes. Il dut se contenter de prendre quelques places dans les environs de Rennes et le centre de la Bretagne, notamment Corlai, qu'il enleva à La Fontenelle, et Redon, dont le gouverneur (Talhouët) et la garnison se rangèrent au parti du roi. Enfin, en juin, il alla assiéger le château de Comper, appartenant à la comtesse de Laval, sur le bord de la forêt de Paimpont. Il fut, très malheureusement, blessé devant cette place le 3 juillet et mourut à Rennes des suites de sa blessure, le 19 août, à l'âge de soixante-treize ans. Ses obsèques fort solennelles furent présidées par l'évêque de Rennes, Aimar Hennequin, qui avait abandonné le parti de la Ligue depuis l'abjuration d'Henri IV.

LES NÉGOCIATIONS DE MERCŒUR.

(1594-1597)

Mercœur ne put profiter de cette mort, qui décapitait le parti du roi en Bretagne. Chez les ligueurs, en effet, depuis la conversion du roi, dominait de plus en plus un sentiment de lassitude et de doute ; de tous côtés les partisans de Mercœur le pressaient de traiter avec Henri IV, plusieurs même se rangeaient, sans plus attendre, sous la bannière royale.

Si Mercœur avait été sincère quand il déclarait à maintes reprises que son but unique était d'empêcher l'avènement d'un hérétique au trône de France, il eût dû se soumettre à Henri IV après son abjuration, puisque le Pape lui-même le reconnaissait pour vrai catholique. C'était même son intérêt, car Henri IV, en guerre avec l'Espagne, lui eût accordé des conditions fort avantageuses. Mais ne pouvant se résoudre à se soumettre, espérant toujours un retour de fortune, il usa trois années en trèves, en négociations stériles (1595-1598), repoussant les propositions les plus généreuses du roi.

En octobre 1596, Henri IV lui offrit un traité par lequel il consentait à excuser sa révolte, à négocier une trêve avec les Espagnols, à réserver pour de bons catholiques tous les bénéfices de Bretagne, à maintenir tous les ligueurs de cette province dans leurs charges et leurs dignités, à laisser à Mercœur le gouvernement de la province et le titre d'amiral de Bretagne, avec la survivance pour son fils ou le mari de sa fille, en lui remboursant en outre 266,666 écus d'or pour les frais de la guerre, et lui assurant 24,000 écus de pension, plus 66,000 écus pour les droits de la maison de Penthièvre. — C'était bien là ce qu'on peut appeler « un pont d'or. » Mercœur refusa!

Au fond il voulait rester indépendant, et sa femme voulait devenir duchesse de Bretagne. Ils se flattaient, en tenant bon, de voir bientôt décliner la fortune d'Henri IV. Ils comptaient surtout pour cela sur la guerre d'Espagne. Dès que la France dans cette guerre avait un revers, Mercœur — qui continuait toujours ses négociations — se montrait fort insolent; quand elle avait des succès. il devenait en apparence plus souple, mais alors il se retournait vers l'Espagne, sollicitant d'elle de nouveaux secours pour pouvoir reprendre vigoureusement la guerre contre la France.

Par cette politique tortueuse et méprisable, dont l'ambition personnelle était le seul mobile, il infligea très inutilement à la Bretagne trois années de tortures (1595-1598), les plus désastreuses, les plus cruelles de cette guerre, et dont il nous faut ici expliquer l'horreur.

LES BRIGANDS DE LA LIGUE. — LA MISÈRE DE LA BRETAGNE.

(1593-1597)

A côté de la guerre ouverte et régulière, de la guerre officielle entre les deux partis, qui entraînait déjà pour le pays de grandes calamités et des excès de toutes sortes, il y avait en effet une autre guerre, née de la désorganisation générale et conduite par des bandits sans scrupules, qui pillaient et ravageaient les campagnes et se livraient impunément aux plus monstrueux excès. D'ordinaire, ils se disaient ou ligueurs ou royalistes, mais ils pillaient, torturaient indifféremment les deux partis.

Ces audacieux brigands ne se montrent guère avant la bataille de Craon (1593); intimidés pendant quelque temps par d'Aumont, ils relevèrent la tête après sa mort et dévastèrent la Bretagne affreusement pendant les trois dernières années de la Ligue. A cette époque les chefs des deux partis étaient devenus impuissants à réprimer leurs violences. Mercœur surtout, au déclin de sa puissance, contraint de ménager tout le monde, n'osait désavouer ceux qui, en grand nombre, se disaient ses partisans. Les plus célèbres de ces bandits étaient : dans le parti royaliste, du Liscoët et La Croix ; dans celui de la Ligue, La Magnane, La Plante, et surtout La Fontenelle. Pour donner une idée de. exploits de ces misérables, il suffira de ra.onter les crimes de l'un d'eux.

Gui Eder, sieur de la Fontenelle, était né en 1573 au petit château de Beaumanoir, près de Quintin[1]. A l'âge de seize ans, il s'échappa du collège de Navarre, à Paris, pour rentrer en Bretagne et venir brigander, avant même le commencement de la guerre civile, dans le diocèse de Tréguer. Aux premières années de la guerre, il pilla Lannion, Paimpol, Lauderneau, quelques autres villes ouvertes, et échoua devant Guingamp qui tenait le parti du roi. Ayant alors arboré le drapeau de la Ligue, il s'empara de Coëtfrec, près Lannion, et en fit son quartier général. Il se livra lans ce château à des orgies échevelées ; assiégé par Sourdéac, gouverneur de Brest, il fut obligé de se rendre vie et bagues sauves.

Il se retira à Carhaix, dont il fortifia l'église

1. En la paroisse du Leslai. Nul rapport entre ce Beaumanoir et la grande châtellenie de Beaumanoir en Évran, qui avait donné son nom aux Beaumanoir du combat des Trente ; nul rapport non plus entre cette dernière famille et la famille *Eder*.

collégiale, et s'empara peu après par trahison du château du Grance (en Colloree), occupé par les ligueurs. Un détachement de sa bande s'y présenta comme envoyé par le gouverneur de Morlaix pour défendre cette maison contre une attaque imminente des royaux. Une fois dans la place, ces misérables jetèrent dans un cul de basse-fosse Pratmaria, le seigneur du Granec, et ouvrirent les portes à La Fontenelle. Le lendemain, les paysans des environs, indignés de cette surprise, attaquèrent le château ; La Fontenelle en tua un millier et défendit, sous peine de mort, d'enlever les cadavres. Ceci se passait au mois de juin 1593. En septembre 1594, Mercœur, allant de Morlaix à Quimper avec son armée, incendia et démantela ce repaire de brigands.

La Fontenelle peu de temps après surprit Corlai et y continua ses brigandages jusqu'à ce que d'Aumont vint l'y assiéger, au commencement de janvier 1595 ; sommé de se rendre, il demanda auparavant à voir les canons dont on le menaçait ; le maréchal n'en avait pas, mais l'officier envoyé par La Fontenelle pour vérifier cette menace fut enivré et transporté à Guingamp, où on lui en montra tant qu'il voulut. Ramené le lendemain à Corlai, il certifia que d'Aumont avait devant la place une artillerie formidable et Fontenelle capitula.

Il se réfugia d'abord au château de Cremenec, près du Faouët, et de là marcha sur la petite ville de Douarnenez, riche et commerçante, dans laquelle il entra à l'improviste, et fit un immense butin; il exigea des habitants de formidables rançons et les traita avec la dernière rigueur; puis il fortifia l'île Tristan, située en face de la ville, en fit une forteresse inexpugnable, saccagea et terrifia tout le pays. Sourdéac tenta inutilement, à deux reprises différentes, de le chasser de là. Les paysans des environs se levèrent à leur tour, au son du tocsin, pour l'assaillir dans son repaire, ils furent mis en pleine déroute et laissèrent sur le carreau deux mille d'entre eux (1595).

La Fontenelle jeta ensuite les yeux sur Penmarch, station maritime en ce temps-là peuplée et florissante, dont les habitants, pour se protéger, avaient élevé un fort et crénelé leurs églises; il vint vers eux avec des paroles de paix, leur fit des offres d'amitié, et pendant que ces malheureux écoutaient ses perfides propositions, il fit assaillir la place par derrière. Une fois maître du fort, il incendia la ville, massacra les habitants, et emmena trois cents barques chargées de butin. — Ces barques de Penmarch lui permirent de se faire écumeur de mer, en même temps que voleur de grands chemins.

Un peu plus tard, il s'empara par ruse de Pont-Croix : une partie des habitants, sous les ordres du sieur de la Ville-Ruault, s'étaient retirés dans l'église, où ils opposaient une résistance désespérée. La Fontenelle fit mettre le feu à des genêts verts, dont la fumée étouffa les malheureux. La Ville-Ruault alors capitula et, quoiqu'il dût par la capitulation avoir la vie sauve, il fut pendu après avoir vu sa femme insultée et égorgée sous ses yeux. Les habitants furent emmenés à l'île Tristan, enfermés dans des latrines, des cloaques, et soumis à des tortures sans nom jusqu'à ce qu'ils eussent fourni d'énormes rançons : tantôt on les faisait asseoir sur des trépieds rougis au feu, tantôt on les plongeait nus dans des tonneaux d'eau glacée. La plupart périrent dans ces tourments.

L'imagination a peine à concevoir les raffinements de cruauté de La Fontenelle.

Un jour, il apprend qu'un gentilhomme des environs de Brest a reçu une forte somme d'argent; bien que ce gentilhomme eût une sauvegarde de Mercœur et de lui-même, La Fontenelle court chez lui, fouille sa maison, et n'y trouvant rien, il le poignarde, puis il attache au cou de son tout jeune enfant un chat, par qui il fait torturer, étrangler le pauvre petit.

Un autre jour, ayant fait deux prisonniers, il force l'un à manger sans cesse jusqu'à en crever et prive l'autre de toute nourriture — uniquement pour voir lequel des deux mourrait le premier [1].

Le chanoine Moreau estime que La Fontenelle et les autres brigands de son espèce firent périr en Cornouaille au moins trente mille personnes ; certaines paroisses, qui comptaient plus de mille communiants avant la guerre, n'en avaient plus que douze en 1598 ; les campagnes étaient désertes, des bandes de loups les parcouraient en maîtres pendant le jour et envahissaient les villes pendant la nuit. Les terres n'étant plus cultivées, une famine s'ensuivit en 1595 ; puis une sorte

---

1. À la paix, La Fontenelle obtint du roi des lettres d'abolition et fut même confirmé, par brevet du 20 mars 1598 (D. Morice, *Preuves*, III, 1656), dans son gouvernement de Douarnenez, parce qu'on craignait qu'il ne livrât cette place aux Espagnols. Mais, en 1602, ayant été à tort ou à raison impliqué dans la conjuration du maréchal Biron, ce misérable fut roué en place de Grève. Son supplice dura, dit-on, six quarts d'heure.

de peste noire acheva de désoler le pays en 1596 et 1597.

Telle était, après les guerres de la Ligue, l'effroyable misère de la Bretagne, engendrée surtout par les fléaux des trois dernières années, c'est-à-dire par l'ambition du duc et de la duchesse de Mercœur.

EFFONDREMENT DU PARTI DE MERCŒUR.

(1597-1598)

Malgré les lenteurs calculées de Mercœur, le dénouement approchait. Le roi d'Espagne, battu en Picardie, songeait à faire la paix avec Henri IV; il voulut toutefois tenter auparavant un dernier effort du côté de la Bretagne, et arma une flotte de cent vingt voiles qui devait débarquer près de Brest dix mille hommes de troupes pour secourir Mercœur. Le gouverneur de Brest, Sourdéac, à l'annonce de cette invasion, appela le pays aux armes pour la repousser.

La formidable flotte espagnole se déploya devant le Conquet le 1ᵉʳ novembre 1597.

Le lendemain, elle avait disparu...

Une tempête affreuse, déchaînée pendant la nuit, l'avait dispersée et détruite presqu'entièrement.

C'était l'effondrement des dernières espérances de Mercœur. Cet obstiné ambitieux attendit pourtant, avant de se soumettre, l'expiration de la trève qui allait jusqu'à la fin de janvier 1598; pendant ce temps il fut abandonné de ses derniers partisans, le capitaine d'Ancenis, celui de Craon, les quatre d'Aradon, etc., et perdit enfin Dinan, sa dernière place forte dans le Nord de la Bretagne, la capitale de la Ligue en cette région.

PRISE DE DINAN PAR LES DINANAIS.

(13 février 1598)

La ville de Dinan ne s'était pas spontanément donnée à la Ligue; elle avait été remise par Henri III au parti catholique, comme place de sûreté, en 1585. Très lassée de la lutte, elle tenta, en 1597, de rentrer sous l'autorité royale, l'entreprise échoua. Le projet fut repris en janvier 1598 par Raoul Marot, sieur des Alleux, sénéchal de la ville, Robert Hamon, sieur de la Grange, procureur des bourgeois, et François de Saint-Cyr, prieur de Saint-Malo de Dinan. Ce dernier, qui semble avoir été l'âme de la conspiration, se rendit à Paris, vit le roi, et rapporta l'ordre pour la garnison de Saint-Malo de fournir aux Dinanais jusqu'à 1,500 hommes de secours.

Mais il fallait avant tout éloigner le gouverneur, Saint-Laurent d'Avaugour, et la grosse garnison qui occupait la place. Vers la fin de janvier, Saint-Laurent reçut une lettre signée Mercœur, qui lui enjoignait d'amener à Nantes le plus d'hommes possible de sa garnison pour garder les places du pays de Retz menacées par les royalistes du Poitou ; il se mit aussitôt en marche et après une assez longue pérégrination se présenta à Nantes devant Mercœur, qui ne l'attendait nullement. La lettre était l'œuvre d'un faussaire. Mercœur eut aussitôt l'intuition que Dinan devait être tombé aux mains de ses ennemis.

Il ne se trompait pas. Le 12 février au soir, un détachement de 800 hommes de la garnison de Saint-Malo arrivait près de Dinan, les uns par terre, les autres par eau, et se cachait aux abords de la ville : 250 hommes dans le cimetière de la paroisse Saint-Malo, 250 autres un peu plus loin, et 300 à l'Orme-aux-Dinanais (dont on ne connaît pas la situation précise). Malheureusement la pluie n'avait cessé de tomber pendant le trajet, et les Malouins morfondus étaient fort peu disposés à se battre. A l'intérieur de la ville, les conjurés avaient recruté une centaine d'adhérents, et l'un d'eux donna un bal le 12 février, où il invita tous les officiers de la garnison.

Vers minuit, le maître du logis sort sous prétexte d'aller chercher un réveillon qu'il avait fait préparer, ferme à clef la porte de sa maison et court prêter main-forte aux trois chefs du complot, qui avec une troupe de leurs amis cherchaient à s'emparer de la porte Saint-Malo. N'ayant pu réussir à gagner le chef du corps de garde, les bourgeois le bâillonnent, surprennent les soldats, ouvrent la porte et tirent une fusée d'artifice, signal convenu avec les troupes malouines. A leur grand étonnement, malgré cet appel rien ne vient; ils sortent pour en connaître la cause et trouvent les 250 soldats transis de froid, qui refusent de marcher. On menace de dénoncer leur présence à la garnison ligueuse de Dinan, ils finissent par s'ébranler. Ils entrent dans la ville avec les conjurés en poussant le cri de : *Vive le Roi!* Ce cri est répété aussitôt dans toute la ville par toute la population.

Une partie des ligueurs se réfugie alors dans les tours de la porte de l'Hôtellerie (ou porte de Brest); Raoul Marot les attaque, il est blessé à la main, mais bientôt il les oblige à se rendre. Le reste de la garnison retiré au château semblait disposé à résister.

Les bourgeois dressent le lendemain (13 février) une batterie sur la place du Champ et ouvrent le feu ; au second coup, les défenseurs du château demandent à capituler [1].

Aussitôt un des chefs du détachement malouin, Pepin de la Planche, part au galop pour Paris ; arrivé devant le roi, il dit sans préambule :

« — Sire, j'avons pris Dinan ! »

Le maréchal de Biron ne voulant pas le croire, le hardi Breton réplique :

« — Vas ! i le sçara mieux que mâ, qui y
« étas ! »

Puis, se retournant vers le roi :

« — Sire, est-ce ici la maison du bon Dieu,
« où on ne boit ni ne mange ? »

Henri IV, après lui avoir fait fête, lui propose de le faire gentilhomme, mais Pepin refuse net :

« — Nenni, sire, dit-il, je les chassons de
« notre ville à coups de bâton ; mais faites-
« moi plutôt donner un cheval de votre écu-
« rie, car le mien, — sauf votre respect, — a
« crevé comme un porc. »

Par les lettres qu'il accorda aux Dinanais

1. Nous suivons ici le récit de Rosnivinen de Piré (II, 320), composé d'après une relation dinanaise contemporaine.

pour les recevoir en sa grâce, non seulement
le roi confirme et augmente leurs privilèges,
mais il déclare qu' « après Dieu » c'est à eux
et à la prise de leur ville, par eux si habilement exécutée, qu'est dû le triomphe définitif
de la cause royale en Bretagne

La fin de la Ligue en Bretagne.

(20 mars, 9 mai 1598)

Henri IV, d'Angers où il s'était rendu, se
décida à entrer en Bretagne pour mettre enfin
un terme à l'astucieuse politique de Mercœur;
celui-ci envoya alors sa femme pour traiter
(mars 1598). La fière duchesse s'humilia à
proposer la main de sa fille âgée de six ans,
le plus grand et le plus riche parti de France,
pour César, duc de Vendôme, fils du roi et
de Gabrielle d'Estrées. Sous l'influence de la
favorite, Henri IV renonça à se montrer sé-
vère, et fit à Mercœur les conditions les plus
favorables, au grand regret de Sully, qui
l'aurait voulu voir résister aux « cajoleries
« de ces deux femelles. »

Par le traité de soumission de Mercœur, qui
fut signé le 20 mars, César de Vendôme, âgé de
quatre ans seulement, devenait gouverneur de
Bretagne, Mercœur recevait 235,000 écus pour

la cession de son gouvernement, une pension
de 16,666 écus comme indemnité de guerre,
50,000 écus pour distribuer à ses officiers,
15,000 écus spécialement destinés à certains
de ses partisans, la valeur à dire d'experts de
ses canons, poudres et boulets; il conservait
une compagnie d'ordonnance de 100 hommes
d'armes, et 50 hommes soudoyés par l'État
pour la garde de ses places de Guingamp,
Moncontour, Lamballe et Bréhat. Enfin, plusieurs magistrats ligueurs entraient dans le
Parlement de Rennes.

Après ce traité, Henri IV se rendit à Nantes
(13 avril), mais il tint rigueur aux habitants
de leur fidélité à Mercœur et refusa l'entrée
solennelle qu'ils lui avaient préparée; il pro-
mulgua en cette ville le célèbre édit de tolé-
rance connu sous le nom d'édit de Nantes
(30 avril 1598), puis vint séjourner à Rennes
du 9 au 16 mai.

Ici le séjour du roi eut un caractère bien
différent. Tout en défendant de faire de
grandes dépenses pour sa réception, le roi
prodigua les marques d'affection à cette ville
qui lui avait été si fidèle. Il entra par la
porte de Toussaints; là le maréchal de Brissac,
gouverneur de Bretagne, lui présenta trois
clefs d'argent doré figurant celles de la ville;
le roi les baisa en disant : « Elles sont belles,

« ces clefs, mais combien j'aime mieux encore
« les clefs des cœurs des Rennais, qui se sont
« montrés si fidèles, si dévoués à ma cause et
« à celle de la France! »

Puis au milieu d'un immense concours de
peuple, qui ne pouvait se rassasier de le voir
et de crier *Vive le roi!* il se rendit à la cathédrale, où il communia solennellement le jour
de la Pentecôte.

Les jours suivants furent consacrés aux
affaires et aux fêtes; il y eut de belles
chasses à la Prévalaye, au cours desquelles le
roi se reposa sous le chêne de Sainte-Foi qui
porte encore aujourd'hui son nom.

Avant de quitter la ville, il laissa au gouverneur des instructions confirmant les privi-
léges de la Bretagne et portant suppression de
tous les impôts mis à l'occasion de la guerre.

CONFÉRENCE VII

(18 janvier 1894).

LES ÉTATS DE BRETAGNE.

Les États de Bretagne ont joué dans l'histoire de cette province, aux xviie et xviiie siècles, un rôle si important, qu'avant d'entrer dans le détail des évènements de cette époque, il est absolument nécessaire de donner idée de leur composition, de leur organisation et de leur fonctionnement.

Les États de Bretagne étaient formés de trois corps ou chambres, représentant les trois ordres qui constituaient la nation bretonne : le *clergé*, la *noblesse*, le *tiers-état*.

Composition des trois ordres.

L'ordre du *clergé* ou de l'*église* comprenait les neuf évèques de la province, les abbés, c'est-à-dire les titulaires des trentehuit ou quarante abbayes situées en Bretagne, et les députés des neuf chapitres cathédraux. Chaque chapitre nommait ordinairement plu-

sieurs députés, mais ne disposait néanmoins
que d'une seule voix; les députés des chapitres
étaient généralement les membres les plus in-
dépendants du clergé, car les évêques et les
abbés, presque toujours Français d'origine et
dévoués au roi qui les avait nommés, discutaient rarement les demandes du prince.

A l'origine, l'ordre de la *noblesse* se composait uniquement des possesseurs de fiefs
importants relevant immédiatement du duc.
Le chef de famille, détenteur actuel du fief,
entrait seul aux États; les membres de sa famille, fils, petit-fils, les gentilshommes ses
vassaux n'y figuraient point, à moins de tenir
de leur chef un fief relevant du duc.

Il en fut de même après l'union à la France.
Suivant les registres des États, dans les années antérieures à 1589, le nombre moyen
des gentilshommes présents à chaque tenue
d'États était de trente à trente-cinq.

Pendant les guerres de la Ligue, le danger
des voyages, la difficulté des communications,
privèrent les États de la présence des principaux seigneurs; pour garnir les bancs on fut
alors obligé d'admettre tous les nobles qui se
présentaient, jeunes ou vieux, possesseurs ou
non de fiefs importants relevant du roi [1].

1. Malgré cela, la moyenne des nobles présents

Après la Ligue cet abus se maintint, et bientôt la simple qualité nobiliaire, même sans aucun fief, fut considérée comme donnant, *de droit*, entrée aux États à tout Breton âgé de vingt et un ans qui la possédait. Avec une noblesse nombreuse, on voit d'ici les inconvénients.

Ils ne parurent pas de suite. Dans la première moitié du xvii° siècle, on ne voit que cinq tenues d'États où le chiffre de la noblesse ait atteint ou dépassé la centaine (en 4608, 4614, 4613, 4616, 4645); la plupart du temps il ne va pas à 80, et descend parfois à 50, 34, même à 24, 22 (en 4622, 4630).

Mais en 4654, la querelle de La Trémoille et de Rohan pour la présidence amène aux États jusqu'à 230 gentilshommes, et depuis lors ce chiffre ne descendra plus guère au-dessous de 200. Avant la fin du xvii° siècle il montera à 300; au xviii°, il atteindra souvent 400, 500, 600, une fois même 840, une autre 960 : une foule, une cohue.

L'ordre du *tiers-état* comprenait les députés des villes; le nombre des communautés de ville jouissant du droit de députation fut fixé à quarante-quatre par un règlement royal de

atteint à peine 27 dans les États de Bretagne du parti royaliste, et 20 dans ceux de la Ligue.

1614 et porté un peu plus tard à quarante-six, savoir : les neuf villes épiscopales, Rennes, Nantes, Vannes, Quimper, Saint-Pol, Tréguer, Saint-Brieuc, Saint-Malo et Dol; — les deux villes abbatiales de Redon et de Quimperlé, — vingt villes du domaine ducal, savoir, Fougères, Dinan, Morlaix, Brest, Lorient, Port-Louis, Ploërmel, Guérande, le Croisic, Hennebont, Aurai, Lannion, Carhaix, Lesneven, Saint-Renan, Concarneau, Douarnenez, Sarzau, avec Antrain et Bazouge associées pour nommer ensemble un même député; — et enfin quinze villes des principales seigneuries : Lamballe, Moncontour, Guingamp, Josselin, Pontivi, Landernau, Vitré, Montfort, Quintin, Machecoul, Ancenis, Châteaubriant, Malestroit, Clisson et la Guerche. Chacune de ces villes n'avait qu'une voix dans l'assemblée, mais elle nommait néanmoins presque toujours plusieurs délégués pour la représenter : le premier était, proprement, le *député*, et les autres les *agrégés à la députation;* le député votait seul, mais devait prendre auparavant l'avis de ses agrégés; les grandes villes nommaient parfois jusqu'à dix agrégés; les petites en envoyaient au moins un ou deux. Cette combinaison relevait la députation du tiers-état, d'abord comme nombre, car elle la portait à une centaine de membres, et aussi comme autorité, car elle permettait d'y faire entrer, au moins avec voix consultative, tous les hommes notables du pays. — Seules, les populations rurales n'étaient pas représentées aux États : cette lacune dans la constitution bretonne avait peu d'inconvénient, car les intérêts ruraux se résumaient pour ainsi dire dans la question de l'impôt et par là se confondaient presque toujours avec ceux des villes.

Les présidents des trois ordres.

L'ordre de l'*église* était présidé, sous les ducs, par l'évêque de Dol, en souvenir de son ancien archevêché. A la suite de nombreuses contestations soulevées par les évêques de Rennes et de Nantes, la présidence fut dévolue, en 1624, à l'évêque du diocèse où se tenaient les États ; à son défaut, au plus ancien des évêques présents ; à défaut d'évêque, au plus ancien abbé.

L'ordre de la *noblesse* devait être présidé par le possesseur d'une des *neuf anciennes baronnies de Bretagne*. La baronnie de Léon, qui appartenait aux Rohan, et celle de Vitré aux La Trémoille avaient la préséance sur toutes les autres et alternaient entre elles pour la présidence. En l'absence des seigneurs de

Léon et de Vitré, la présidence était dévolue au plus ancien des barons présents; à leur défaut, l'ordre élisait son président.

L'ordre du *tiers-état* fut présidé jusqu'en 1603 par le premier député de Rennes; à cette époque, le tiers réclama le droit d'élire son président, et un arrêt du Conseil trancha la difficulté, en 1619, en attribuant la présidence au sénéchal ou chef du Présidial dans le ressort duquel se tiendraient les États, et en son absence au plus ancien des sénéchaux députés à cette assemblée.

Forme des délibérations.

En principe, les trois ordres délibéraient et votaient séparément, puis ils se réunissaient et chaque président faisait connaître le vote de son ordre; la décision était formée par la majorité de deux ordres contre un, sauf en matière d'impôts ou de gratifications, où l'unanimité des trois ordres était nécessaire : c'était là une garantie fort importante pour le tiers-état, puisqu'aucun impôt ne pouvait être levé sans le consentement de ses députés.

Quand les trois ordres étaient réunis, la présidence générale de l'assemblée appartenait au président de l'église.

Représentants du gouvernement aux États.

Aux xviie et xviiie siècles, le gouvernement était représenté aux États par les *commissaires du roi*, qui étaient le gouverneur de Bretagne, et les lieutenants-généraux dans la province, le premier, le second et le troisième présidents du Parlement, le procureur-général et les gens du roi (avocats-généraux), le premier président et le procureur-général de la Chambre des Comptes, deux commissaires du Conseil du roi nommés spécialement pour chaque session, le président et le procureur du roi du Bureau des finances de la province, le grand-maître des Eaux et Forêts et le receveur général du Domaine.

Officiers des États.

L'on donnait ce nom à des agents chargés de faire exécuter les décisions de l'assemblée; ces officiers étaient : le *héraut des États*, qui ouvrait la marche dans les cérémonies publiques, le *maréchal des logis*, préposé à l'installation matérielle, le *greffier*, le *trésorier*, et au-dessus de tous le *procureur-syndic des États* et ses *substituts*, qui veillaient à l'observation des règlements et dé-

5*

fendaient, en dehors même des sessions, les intérêts et les privilèges des États.

Cette délicate fonction n'était jamais donnée qu'à des hommes dignes de toute confiance; en 1598 le choix des États se porta à l'unanimité sur un Rennais, Bonabe Biet, sieur du Coudrai; l'année suivante, des envieux obtinrent du roi sa destitution sous prétexte qu'il n'était pas noble; aussitôt les trois ordres protestèrent qu'aucun règlement ni aucun usage n'excluait les roturiers de cette charge, les plus vives protestations partirent même de l'ordre de la noblesse, et le roi céda aussitôt. — Mais en 1636, les roturiers furent exclus de cet office.

Session des États.

Les députés des trois ordres, convoqués par lettres du roi, se rassemblaient d'abord dans une salle commune, souvent dans une église, et prenaient place sur une estrade élevée de quelques marches, occupant toute la largeur de la salle, les deux tiers au moins de la longueur, et que l'on appelait le *théâtre*; à Rennes, ils se réunirent jusqu'au xviiie siècle dans l'église des Cordeliers, puis ils firent construire en ce couvent une salle spéciale à leur usage.

Au fond de l'estrade et sous un dais, un
fauteuil placé sur un banc élevé de deux
marches était réservé pour le président du
clergé, à droite, et un autre fauteuil, à gauche,
pour le président de la noblesse. En avant de
ce banc, toujours sous le dais, prenaient place,
sur trois fauteuils dont celui du milieu était
le plus élevé, le gouverneur et les lieutenants-
généraux. A droite de la salle se tenaient, au
fond, les évêques, et sur le côté, les abbés, les
députés des chapitres ; à gauche, les barons et
la noblesse ; le tiers-état occupait le bas du
côté droit, où était aussi installée une tribune
pour les dames. Les commissaires du roi sié-
geaient en avant de la noblesse et du tiers ;
enfin, les officiers des États et le bureau des
finances se tenaient à l'entrée de l'estrade
et regardaient le fond de la salle [1].

A l'ouverture de chaque session, une députation composée de deux membres de chaque
ordre allait chercher les commissaires du roi ;
le gouverneur ou le commandant de la province ouvrait la session par un discours, auquel répondait le procureur-syndic des États.

Le lendemain, messe solennelle du Saint-

---

1. La gravure placée en tête de la *Vie des saints
de Bretagne* de Lobineau (1725, in-folio) indique
clairement toutes ces dispositions.

Esprit; puis le gouverneur demandait le *don gratuit*, qui varia de un à trois millions et qui était offert au roi sans affectation d'emploi; ensuite le procureur-syndic exposait la situation et les besoins de la province. Jusqu'à la seconde moitié du xvii° siècle, avant de voter le don gratuit, on examinait les *contraventions*, c'est-à-dire les actes administratifs exécutés en violation des privilèges de la Bretagne depuis la dernière session, et le don n'était voté qu'après la promesse faite par les commissaires de les réparer; mais depuis 1675, l'usage s'établit malheureusement de le voter dès le début, sans discussion.

Le troisième jour, les trois ordres allaient aux *chambres*, pour nommer les commissions chargées d'examiner les affaires soumises aux États. Le clergé et le tiers se retiraient chacun dans sa *chambre*, c'est-à-dire dans un local séparé; quant à la noblesse, le nombre toujours croissant de ses membres l'amena, au xvii° siècle, à rester sur le *théâtre* pour y prendre ses délibérations particulières.

Les commissions se composaient de députés des trois ordres en nombre égal; les plus importantes étaient celle des finances et celle des contraventions, chacune au moins de dix-huit membres. Après l'examen de chaque affaire, un rapport était présenté à l'assemblée générale, qui votait de suite la proposition, si aucune opposition ne survenait; mais si un seul membre demandait les *chambres*, les trois ordres se retiraient et délibéraient séparément sur la question, puis rentraient sur le théâtre. Alors, chaque président faisait connaître le vote de son ordre, et le président de l'église prononçait la décision des États.

Cette procédure avait l'avantage d'empêcher ordinairement les discussions dans l'assemblée générale, qui était seule publique. Parfois cependant, au xviii° siècle, le *théâtre* fut témoin de débats très vifs, d'ordinaire sur des questions d'ordre du jour, quand, par exemple, la noblesse refusait de délibérer sur les demandes d'argent, présentées par les commissaires du roi, avant d'avoir obtenu réparation des atteintes portées aux droits de la province. L'impassible registre du greffier n'a gardé nulle trace de ces discussions ardentes, parfois très dramatiques. Pour les reconstituer il faut des recherches ardues, qui rendent d'autant plus méritoire la tâche de l'historien consciencieux acharné à débrouiller ces arcanes [1].

1. Aussi le public breton attend-il impatiemment le travail entrepris sur l'administration du duc d'Aiguillon par M. Barthélemi Pocquet, qui a déjà donné

L'acte final des États était le *contrat de la province avec le roi*, dans lequel les États s'engageaient à fournir au gouvernement royal les deniers votés à sa requête, à condition qu'il promît de son côté de donner satisfaction à la province sur les points et les griefs relevés dans ce contrat. Cet acte contenait toujours deux ou trois articles renouvelant et consacrant à nouveau les stipulations du traité d'union de 1532, relatives aux droits et privilèges de la Bretagne : en sorte que ces privilèges ne pouvaient tomber en désuétude.

Pour achever cette esquisse de l'organisation des États, il resterait à parler des moyens par lesquels ils assuraient, en dehors des tenues, l'exécution de leurs décisions. A toute époque il y eut des *députés en cour*, chargés de suivre auprès du roi les résolutions de l'assemblée; pendant la Ligue, on nomma des *députés permanents*; enfin en 1734, l'on créa la *Commission intermédiaire*, institution très importante, sur laquelle nous reviendrons.

Les États de Bretagne, surtout au xviiie siècle, se réunissaient le plus souvent à Rennes; toutefois ils pouvaient être convoqués dans toutes les villes de la province, et l'on en

sa mesure dans son curieux et excellent livre des *Origines de la Révolution en Bretagne.*

compte, outre Rennes, une douzaine où ils se tinrent à diverses époques, savoir, Nantes, Vannes, Quimper, Tréguer, Saint-Brieuc, Vitré, Fougères, Dinan, Guérande, Ancenis, Redon, Ploërmel, Quimperlé.

Les sessions, annuelles jusqu'en 1630, devinrent depuis cette époque biennales, sur la demande même des États.

Mme de Sévigné aux États de Bretagne.

Mme de Sévigné, dans quelques-unes de ses lettres inimitables, nous a laissé un tableau intime fort curieux de notre vieille assemblée nationale bretonne, tableau dans lequel, malgré quelques épigrammes, elle donne une grande idée de la loyauté, de la générosité et du patriotisme de ce grand corps; ces lettres ont trait aux États tenus à Vitré du 3 août au 5 septembre 1671.

Mme de Chaulnes, femme du gouverneur de Bretagne, arriva dans la ville avec sa suite dès le 22 juillet, au milieu de la nuit; « on pensait « à Vitré que ce fussent des Bohêmes, » car elle y fit son entrée à pied, son carrosse et son chariot de bagages étant demeurés à une demi-lieue de là, arrêtés par un mauvais passage de la route entre deux rochers. Le duc de Chaulnes la rejoignit le 2 août au soir et fit

son entrée solennelle « au bruit de tout ce qui
« peut en faire à Vitré. » Il logea au château
et offrit le lendemain un somptueux festin,
avec concert de violons, de hautbois et de
trompettes : « La bonne chère est excessive,
« dit la spirituelle marquise; on remporte les
« plats de rôtis tout entiers, et pour les pyra-
« mides de fruits, il faut faire hausser les
« portes. » Après le festin, deux gentilshommes dansèrent avec deux Bretonnes des passe-
pieds, des menuets et des pas merveilleux;
puis, entrèrent dans le salon les commissaires
du roi et les membres des États, « huit évê-
« ques, cinquante Bas-Bretons dorés jusqu'aux
« yeux, cent communautés. Je n'avais jamais
« vu les États, ajoute-t-elle; c'est une assez
« belle chose. Je ne crois pas qu'il y ait une
« province assemblée qui ait un aussi grand
« air que celle-ci. »

Les États s'ouvrirent le lendemain matin, et
les commissaires obtinrent toutes leurs demandes. « Le gouverneur trouve, je ne sais
« pas comment, plus de 40,000 écus qui lui
« reviennent. Une infinité de présents, de
« pensions, de réparations de chemins et de
« villes, quinze ou vingt grandes tables, un
« jeu continuel, des bals éternels, des comé-
« dies trois fois la semaine, une grande bra-
« verie : voilà les États. J'oublie trois ou

« quatre cents pipes de vin qu'on y boit ; mais
« si je ne comptais pas ce petit article, les
« autres ne l'oublient pas, et c'est le premier. »
Et plus loin, Mme de Sévigné ajoute : « Je n'ai
« jamais vu si grande chère ; nulle table à la
« cour ne peut être comparée à la moindre
« des douze ou quinze qui y sont ; aussi est-ce
« pour nourrir trois cents personnes qui n'ont
« que cette ressource pour manger. »

Le dimanche suivant, M. de Chaulnes alla,
en grand apparat, rendre visite aux Rochers
à Mme de Sévigné ; le lendemain et les jours
suivants, celle-ci vint à Vitré assister à des
soupers, des comédies et des bals, dans lesquels, dit-elle, « nous rions un peu de notre
« prochain ; il est plaisant ici, le prochain,
« particulièrement quand on a dîné. »

Le don gratuit voté dans cette session fut
de 2,500,000 livres, sur lesquelles le roi fit
remise de 100,000 écus. « Il faut croire qu'il
« passe autant de vin dans le corps de nos
« Bretons que d'eau sous les ponts, puisque
« c'est là-dessus qu'on prend l'infinité d'ar-
« gent qui se donne à tous les États. »

Le contrat de la province fut signé le
28 août, Mme de Chaulnes reçut un présent de
2,000 louis d'or, et les États furent clos le
5 septembre, à minuit, par une éloquente
harangue de M. de Chaulnes.

« C'est une très belle, très grande et très magnifique assemblée. » — Telle est la conclusion de l'illustre marquise.

Elle ne cachait pas, on le voit, son admiration pour nos États de Bretagne, ni sa sympathie pour les Bretons; leurs descendants d'aujourd'hui ne lui marchanderont pas non plus leur reconnaissance; ils la lui prouveront en s'associant généreusement à l'œuvre entreprise, sous la présidence de M. Jules Simon, par la ville de Vitré pour l'érection d'une statue à Mme de Sévigné.

CONFÉRENCE VIII

(25 janvier 1894).

**LA BRETAGNE SOUS LE RÈGNE DE LOUIS XIII.
RÉVOLTE DU DUC DE VENDOME.**

(1614)

Le seul évènement notable qui se soit passé en Bretagne sous le règne de Louis XIII est la révolte du duc de Vendôme, gendre de Mercœur, auquel il avait succédé dans le gouvernement de la province. En février 1614, toute une ligue de princes et de grands seigneurs, sans autre motif que leur ambition inassouvie, quittèrent la cour de France, déclarant la guerre à la régente, Marie de Médicis; les principaux mécontents étaient le prince de Condé, les ducs de Bouillon, de Longueville, de Guise, de Nevers, de Rohan, de la Trémoille et de Vendôme.

La régente fit arrêter Vendôme le jour du mardi gras, 18 février, et ordonna de le garder à vue dans son appartement du Louvre, où il occupait une chambre, une antichambre et un cabinet; des archers furent postés dans l'antichambre et un exempt dans la chambre même. Malgré ces précautions, Vendôme parvint à s'échapper dès le lendemain. Sous prétexte de jeûne et de prières, il se retira vers le soir dans son cabinet; pendant ce temps, ses gentilshommes entraînèrent l'exempt à souper; Vendôme alors brisant une porte récemment condamnée qui mettait sa chambre en communication avec un bûcher, gagna un escalier menant à une porte extérieure du Louvre, où un cheval l'attendait. Il sortit de Paris par la porte Saint-Honoré, se rendit à Saint-Cloud, et de là à Ancenis.

Le 1er mars, il envoya d'Ancenis au roi une lettre assez plate pour tenter de se justifier; Louis XIII, pour toute réponse, l'ayant déclaré rebelle, il jeta le masque et écrivit une nouvelle lettre ou plutôt un manifeste, dans lequel il avouait hautement sa révolte. Plusieurs vieux chefs ligueurs se joignirent à lui, et l'on vit recommencer les tristes exploits des brigands qui avaient désolé la Bretagne vingt ans plus tôt.

La régente, pour pacifier ces troubles qui s'étendaient sur une grande partie de la France, accorda aux princes, le 15 mai 1614, la paix de Sainte-Ménéhould, mais Vendôme n'en voulut pas profiter et persista dans sa

rébellion. Les d'Aradon lui ouvrirent les
portes de Vannes (12 juin) et celles d'Hennebont, malgré les protestations des habitants,
puis il s'empara de Blavet, il augmenta les
fortifications et les approvisionnements de
Lamballe, Moncontour, Guingamp, Ancenis,
Machecoul et Belle-Isle; mais, voyant l'indignation générale excitée par sa conduite, il
accepta de la régente une nouvelle amnistie
le 12 juillet.

A peine cette amnistie était-elle accordée,
qu'il leva de nouveau l'étendard de la révolte.
Cette fois la population entière réclama le secours du roi; Louis XIII et sa mère partirent
pour Nantes avec de bonnes troupes pour assister aux États et réduire définitivement les
mutins. Effrayé de cette détermination, Vendôme se soumit enfin (13 août) : il rendit
toutes ses places, congédia ses partisans et
garda, en échange de sa soumission, son
gouvernement de Bretagne.

Le roi entra triomphalement à Nantes le
16 août, aux acclamations des habitants, au
bruit des canons et au son de toutes les
cloches; une grande fête nautique fut donnée
en son honneur, puis le maire de Nantes,
Charette de la Colinière, lui présenta trois clefs
de vermeil. Quelques jours après, Louis XIII
ouvrit solennellement les États dans le cloître

des Cordeliers. Les trois ordres protestèrent de leur inaltérable fidélité à la couronne, mais ils exprimèrent leur mécontentement de voir le duc de Vendôme maintenu dans son gouvernement. Le roi, pour leur donner quelque satisfaction, supprima alors la garde particulière de Vendôme, qui était à la solde de la province; il lui enleva en même temps le droit de nommer à beaucoup d'emplois, destitua les gouverneurs d'Hennebont et de Vannes et ordonna le démantèlement d'une vingtaine de forteresses. — Ainsi finit cette révolte.

RICHELIEU ET LA BRETAGNE (1626-1643).

Douze ans plus tard, l'ambitieux et incorrigible Vendôme recommença ses intrigues, non plus cette fois contre la débonnaire Marie de Médicis, mais contre le terrible cardinal de Richelieu lui-même. En 1626, il s'était formé contre Richelieu une coalition de mécontents et d'envieux : les uns voulaient marier Gaston d'Orléans, frère et héritier présomptif du roi, avec une princesse étrangère pour l'affranchir de la tutelle de Richelieu, qui rêvait de lui faire épouser la duchesse de Montpensier; les autres allaient jusqu'à comploter la mort du cardinal.

Vendôme était un des conjurés les plus ardents. Richelieu, résolu d'en finir avec tous ses ennemis, emmena à Nantes Louis XIII et Anne d'Autriche pour assister aux États de Bretagne. Les souverains furent reçus en grande pompe. Le garde des sceaux, dans son discours d'ouverture, reconnut solennellement, à nouveau, les privilèges de la province et s'exprima en ces termes :

« Le roi veut, messieurs des États, que vous
« lui fassiez librement toutes les plaintes sur
« les moindres choses qui vous blesseront. Si,
« les années précédentes, il s'est passé quoi
« que ce soit qui blesse vos libertés, fran-
« chises et privilèges, il entendra volontiers
« vos remontrances là-dessus, *car il les veut*
« *maintenir entièrement et* x *souffrir qu'elles*
« *soient entamées en quelque sorte que ce*
« *soit.* »

Sur ce, longs applaudissements, qui redoublèrent quand on apprit le même jour la révocation tant désirée de Vendôme, remplacé dans le gouvernement de la Bretagne par le maréchal de Thémines.

Deux jours après, Richelieu maria lui-même au château de Nantes Gaston d'Orléans à Mademoiselle de Montpensier, et le 18 août le comte de Chalais, chef du complot contre la vie du cardinal, fut exécuté à Nantes.

Richelieu fut toujours très respectueux des libertés de la Bretagne ; de ce respect il donna plus d'une preuve, entre autres celle-ci. Sa grande création administrative, on le sait, ce sont les intendants, agents spéciaux du roi établis dans chaque province pour y représenter directement son autorité. En 1626, Richelieu envoya comme intendant en Bretagne M. d'Étampes de Valençai. Mais les États et le Parlement ayant dénoncé cette innovation comme contraire aux privilèges du pays, le cardinal rappela aussitôt son intendant.

Après la mort du maréchal de Thémines, Richelieu, sur la demande des Bretons, prit pour lui-même le gouvernement de la province (en 1630). Il marqua son administration par une de ces œuvres où se révèlent les grands génies : la création du port de Brest, agrandi, organisé, doté par lui de tous les grands établissements qui en firent la première place maritime du royaume, et où Richelieu fit construire plus de cinquante vaisseaux. Cette création de Brest fut pour la France la création de la marine française, et pour la Bretagne, pays essentiellement maritime, une source de prospérité.

A lui aussi, Richelieu, est due la première idée de la grande Société commerciale qui, sous le nom de *Compagnie des Indes*, fit plus tard la fortune de Lorient.

LA BRETAGNE PENDANT LA JEUNESSE DE LOUIS XIV.

(1643-1661)

Après la mort de Richelieu (1643), la reine régente, Anne d'Autriche, prit à son tour en personne le gouvernement de la Bretagne et en respecta, elle aussi, scrupuleusement toutes les libertés.

Ainsi, en 1647, sur les remontrances des États, elle retira une ordonnance toute récente qui restreignait la liberté du commerce et de la navigation. — La même année, les commissaires du roi ayant prétendu lever les impôts avant l'enregistrement par le Parlement de la délibération des États et du contrat de la province, les États protestèrent contre cette innovation, et la reine leur donna gain de cause. — Enfin, toujours en 1647, Mazarin tenta de nouveau d'établir un intendant en Bretagne, et nomma à cette fonction un conseiller au Parlement, M. de Coëtlogon de Méjusseaume; mais le Parlement et les États le traitèrent de telle sorte qu'il se démit au bout de quelques mois et ne reçut pas de successeur.

La Bretagne n'avait, on le voit, nul sujet de se plaindre de l'autorité royale, aussi ne prit-elle aucune part à la Fronde, et si les États tenus à Nantes en 1651 furent très agités, ce fut pour une cause toute différente, qu'il est intéressant de rappeler brièvement.

Les ducs de Rohan et de la Trémoille jouissaient, avons-nous dit, de la présidence alternative de l'ordre de la noblesse. En 1651, chacun d'eux prétendit se l'attribuer exclusivement pour toujours et en exclure définitivement son rival. Pour soutenir ses prétentions, chacun d'eux convoqua à Nantes une véritable armée de gentilshommes, six ou huit cents de chaque côté. Mais cette querelle, qui aurait pu ensanglanter la ville, se termina d'une façon comique : la duchesse de Rohan ayant rencontré dans une rue le maréchal de la Meilleraie, commandant de la province, qui soutenait le parti de La Trémoille, le souffleta avec sa pantoufle. Le maréchal, pour s'en venger, expulsa de Nantes le duc de Rohan, qui se retira en Anjou, où il embrassa le parti de la Fronde. La Trémoille eut défense de paraître aux États, et le *statu quo* fut maintenu.

Après la mort d'Anne d'Autriche, l'absolutisme du pouvoir royal commença à se faire sentir en Bretagne. Aux États de 1657, le roi avait fait présenter un édit ordonnant des recherches vexatoires contre les particuliers au profit du domaine. Quatre conseillers au Parlement critiquèrent vivement cet édit et furent pour ce motif arrêtés, internés par le maréchal de la Meilleraie ; l'abbé de Lanvaux, ayant également protesté, fut exclu des États, et ceux-ci ne purent obtenir le retrait de ces mesures de rigueur qu'en augmentant de 600,000 livres le chiffre du don gratuit.

DEUXIÈME ÉPOQUE. — AVÈNEMENT DE L'ABSOLUTISME

(1661-1713)

LA BRETAGNE SOUS LE GOUVERNEMENT DE LOUIS XIV.

C'est en 1661 que Louis XIV, après la mort de Mazarin, prit en main la direction des affaires. Le gouvernement personnel du grand roi donna à la France beaucoup de gloire, mais il la soumit au régime de l'absolutisme, qui finit toujours par engendrer des conséquences déplorables. Louis XIV inaugura ce régime en Bretagne dès cette année 1661, en faisant arrêter arbitrairement aux États de Nantes le surintendant des finances, Nicolas

Fouquet, et voter sans discussion le don gratuit.

La passion de la gloire qui hantait le roi l'amena promptement à augmenter les impôts; les États tentèrent d'abord de s'y oppposer, mais ils ne purent résister longtemps à la volonté inexorable du souverain. Les premières inventions fiscales furent la réformation des eaux-et-forêts en 1663, puis la recherche de la noblesse, puis en 1673 la recherche des usurpations en matière de domaine royal et de juridiction, les droits de contrôle et d'affirmation, la taxe des francs-fiefs et nouveaux acquêts, celle des nouveaux offices, des fruits de male foi, et enfin celles du tabac, du papier timbré, de la marque d'étain, etc... Par les édits relatifs à ces trois dernières taxes, le roi s'attribuait le monopole exclusif de la vente du tabac et en élevait arbitrairement le prix; — il créait un papier timbré sur lequel devaient être écrits tous les actes publics; — et il supprimait la vente libre de la vaisselle d'étain en la soumettant à un droit de poinçonnement.

Les États, pour rédimer la province de tous ces impôts nouveaux, offrirent au roi, en 1673, une somme de 2,600,000 livres; cette offre fut acceptée dans des termes qui firent croire à la suppression de toutes les taxes. Mais, après la séparation des États, plus de la moitié d'entre elles continuèrent à être perçues, et entre autres celles du papier timbré, du tabac et de la marque d'étain. Les protestations des députés en cour ne furent point écoutées et le mécontentement ne tarda pas à devenir général. Quand on apprit les troubles très graves qui avaient éclaté en diverses provinces, principalement à Bordeaux en mars 1675, les murmures redoublèrent en Bretagne, et l'on put prévoir dès lors une prochaine et redoutable explosion.

RÉVOLTE DU PAPIER TIMBRÉ.
LA PREMIÈRE SÉDITION DE RENNES.

(18 avril 1675)

A Rennes, le premier soulèvement populaire eut lieu le 18 avril 1675. Ce jour-là, les marchands épiciers, vendeurs de tabac et pintiers de la ville se rendirent auprès du premier président du Parlement pour lui faire connaître les menaces dont ils étaient l'objet de la part du peuple, qui voulait les forcer à vendre la vaisselle d'étain et le tabac à l'ancien prix, comme avant les nouvelles taxes. Le premier président, pour leur faire prendre patience, leur fit espérer que ces im-

pôts pourraient dans la suite être supprimés;
le public transforma cette espérance en certi-
tude, et bientôt même en fait accompli. Aussitôt une foule de plus de deux mille personnes
se porta sur le Champ-Jacquet, assaillit le
bureau du Tabac, désormais inutile, et dévasta
toute la maison, pillant non seulement le tabac,
mais encore le vin, le cidre et les meubles. Le
bureau du contrôle et des affirmations, situé
sur la même place, subit le même sort, un feu
de joie fut allumé avec les registres.

Les émeutiers se dirigèrent ensuite vers le
Palais de Justice, où était le bureau de vente
du papier timbré : cette foule houleuse criait à
tue tête : « Vive le roi sans gabelle et sans
édits! » Chemin faisant, elle voulut assaillir
le bureau du Domaine; mais les employés
tuèrent deux agresseurs, en blessèrent cinq
autres, et cette résistance sauva le bureau. Au
Palais, au contraire, les presses et les timbres
furent détruits et le papier timbré brûlé.

Du Palais, la populace se rendit au bureau
des Devoirs, situé rue aux Foulons. Les devoirs ou impôts sur les boissons, établis
depuis longtemps, n'auraient pas dû exciter
les colères de la foule; le bureau n'en fut pas
moins dévasté. Enfin, l'on menaça d'aller
mettre le feu chez les banquiers, les gens
d'affaires et même chez le premier président.

L'on peut s'étonner de l'inaction de la force publique pendant ces lamentables désordres. Cette inaction s'explique par l'absence simultanée du gouverneur de Bretagne (le duc de Chaulnes) et du gouverneur de Rennes (M. de Coëtlogon), et aussi par le peu de forces à la disposition de l'autorité. Rennes, comme ville de Parlement, était exempte de garnison. Avec quelques escouades d'archers de la maréchaussée, la seule force qu'on pût mettre sur pied était la milice bourgeoise, divisée en compagnies dites *cinquantaines,* qui n'étaient strictement obligées de prendre les armes que sur un ordre du gouverneur de la province. Dans cette situation critique, il n'y avait à Rennes pour commander que le gouverneur de la ville en survivance, le fils de M. de Coëtlogon, sans grande autorité en raison de sa jeunesse, par suite un peu hésitant. Toutefois, en face des proportions que prenait l'émeute, il se décida à agir, appela la noblesse aux armes, fit armer la cinquantaine de la rue aux Foulons, ferma les portes de la ville, chargea les rebelles, dont sept à huit furent tués, et les refoula de la rue aux Foulons jusqu'au Champ-Jacquet, où la milice acheva de les disperser : une heure suffit pour rétablir l'ordre.

Huit jours plus tard, le 25 avril, nouveaux

troubles : le feu fut mis au temple protestant de Cleuné (près Rennes). La population rennaise détestait les huguenots; plusieurs commis au papier timbré et au tabac appartenant à la religion réformée, la fureur populaire se vengeait sur le prêche de ces impôts détestés. Quand Coëtlogon arriva à Cleuné avec deux cents gentilshommes, le temple était en cendres et les incendiaires partis; on ne put prendre que deux traînards.

TROUBLES A NANTES ET EN BASSE-BRETAGNE.

(Mai-juin 1675)

Cependant, le 2 mai au soir, le duc de Chaulnes, gouverneur de Bretagne, entra à Rennes sans aucune solennité; le lendemain, il présida la communauté de ville, et une somptueuse collation lui fut offerte. Mais le soir, de mauvaises nouvelles arrivèrent : des troubles avaient éclaté dans plusieurs villes de Bretagne, notamment à Nantes, où deux femmes du peuple, la Veillone et la Lejeune, étaient à la tête de l'insurrection. La Veillone avait été arrêtée, mais le gouverneur de la ville, M. de Molac, s'était vu contraint de la relâcher en échange de l'évêque de Nantes, pris comme otage par la foule au moment où il essayait de calmer les esprits.

Le 4 mai, le duc de Chaulnes fit ordonner par le Parlement le rétablissement des bureaux détruits le 18 avril : mesure qui excita d'unanimes protestations, même de la part de la noblesse. Les bureaux ne furent rétablis en fait que le 20 mai, et dès le lendemain le gouverneur se rendit à Nantes pour châtier les rebelles de cette ville et relever de son commandement M. de Molac, auquel on reprochait sa modération vis-à-vis de l'émeute.

Pendant ce temps, l'agitation croissait en Basse-Bretagne. Dans la nuit du 24 au 25 mai, une émeute éclata à Guingamp, malgré la présence de M. de la Coste, lieutenant-général du roi en Basse-Bretagne, mais elle fut réprimée de suite et trois des chefs de la révolte furent pendus.

Le 6 ou le 7 juin, de nouveaux troubles éclatèrent à Châteaulin et dans les campagnes environnantes. M. de la Coste, à Châteaulin même, chargeant les mutins, fut très gravement blessé et à grand'peine transporté à Brest, où il resta plus de trois mois à guérir.

Une tradition locale désigne comme l'instigateur de cette révolte un notaire de Pleyben ou de Cléden-Poher, nommé Balb ou Le Balp. L'insurrection se répandit promptement dans les montagnes Noires et dans tout le pays de Poher, et s'y soutint plus de trois mois sans être réprimée. Outre les impôts du timbre, du tabac et de la marque d'étain, les paysans se croyaient menacés à bref délai d'une taxe sur le blé et de la gabelle sur le sel.

CONFÉRENCE IX

(1er février 1894).

SUITE DE LA RÉVOLTE DU PAPIER TIMBRÉ.

Nous avons vu cette révolte, née à Rennes, s'étendre sur divers points de la Bretagne et prendre, surtout dans le Poher (pays de Châteaulin et de Carhais), un caractère inquiétant. Pendant ce temps, l'ordre s'était rétabli à Rennes, et sans doute il n'eût pas été troublé de nouveau sans une provocation, ou tout au moins une énorme maladresse de M. de Chaulnes.

Charles d'Albert d'Ailly, duc de Chaulnes, avait été nommé lieutenant-général en Bretagne en 1670, puis gouverneur en 1673; il garda ce titre jusqu'en 1695. Saint-Simon, son ami, a dit de lui : « C'était sous la corpu-« lence, l'épaisseur, la pesanteur. la physio-« nomie d'un bœuf, l'esprit le plus délié, le « plus délicat, le plus souple, le plus adroit à « prendre et à pousser ses avantages... » et il vante sa probité, sa libéralité, sa dignité et sa grande expérience des affaires. Le duc de

Chaulnes fit preuve, en effet, d'activité et de zèle dans l'administration de la province; mais sa conduite dans la révolte du Papier timbré le rendit odieux aux Bretons.

LA DEUXIÈME SÉDITION DE RENNES.

(8 et 9 juin 1675)

Confiant dans le calme apparent de la ville de Rennes, le gouverneur résolut, dans les premiers jours de juin 1675, de se rendre en Basse-Bretagne pour y combattre l'insurrection. Le premier président du Parlement, M. d'Argouges, et le gouverneur de la ville, M. de Coëtlogon, lui déclarèrent qu'ils ne répondraient pas de l'ordre en son absence, s'ils n'avaient sous la main quelques compagnies de troupes réglées.

Comme ville de Parlement, Rennes était exempte de garnison. Sans respecter ce privilège, le duc de Chaulnes appela de Nantes trois compagnies du régiment de la Couronne, formant un effectif d'environ 150 hommes. Cette troupe entra à Rennes le 8 juin, en grand appareil de guerre, « *la mèche allumée par les deux bouts;* » elle se rendit à l'Hôtel-de-Ville d'où elle voulut expulser la milice bourgeoise; mais un grand nombre d'habitants prirent les armes, vinrent renforcer le poste, et les compagnies de la Couronne durent aller loger chez M. de Chaulnes et chez M. de Coëtlogon.

L'arrivée de ces troupes avait excité une vive indignation; dès le lendemain matin, les cinquantaines s'emparèrent des portes et des tours, rompirent les chaines des ponts-levis; puis une foule nombreuse vint bloquer M. de Chaulnes dans son hôtel (qui était le manoir épiscopal) en réclamant le renvoi des troupes. Chaulnes descendit dans la rue, essaya de calmer les mécontents; il fut assailli par une bordée de menaces et d'injures, « dont la plus douce, au dire de Mme de Sé- « vigné, était *gros cochon.* » Une grêle de pierres fut lancée contre son hôtel et dans son jardin, lui-même fut couché en joue par plus de 200 personnes armées de fusils; mais grâce à la courageuse et zélée intervention des officiers de la milice, pas un coup de feu ne fut tiré.

A la suite de cette manifestation, le gouverneur promit de renvoyer les trois compagnies dès que l'agitation serait apaisée, il les congédia effectivement le 10 juin. Le 11, quelques troubles se produisirent encore dans les faubourgs sur le faux bruit de l'arrivée de nouvelles troupes, puis l'ordre se rétablit définitivement.

Le caractère de cette deuxième sédition différait essentiellement de celui de la première : ce n'était plus l'œuvre de pillards et de gens sans aveu, mais de la population tout entière, se soulevant pour la défense de ses privilèges et de sa liberté municipale. Le véritable instigateur en avait été le duc de Chaulnes; aussi s'efforça-t-il d'en atténuer l'importance dans la lettre qu'il écrivit à Colbert le 12 juin. Mais à partir de ce moment il nourrit contre Rennes de sombres projets de vengeance, témoin le passage suivant de cette même lettre : « Le remède (aux désor- « dres de Rennes) est de *ruiner entièrement* les « faubourgs de cette ville. Il est *un peu vio-* « *lent, mais c'est l'unique.* Je n'en trouve pas « même l'exécution difficile avec des troupes « réglées. » — En attendant le moment favorable, il essaya d'amadouer les bourgeois jusqu'aux prochains États, ajoutant : « Je tâche « de ranimer les esprits par la douceur, étant « de la dernière conséquence de ne point par- « ler présentement de troupes ni de *ven-* « *geance.* »

Mais, pour faire entrer des troupes à Rennes, il fallait trouver un moyen d'enlever à la milice bourgeoise la garde des portes et des remparts. Le gouverneur commença donc par suspendre la levée des taxes du tabac et de la marque d'étain; puis réunissant. le 20 juin, tous les officiers de la milice, il leur promit formellement de ne pas faire entrer de troupes dans la ville, et les pria de mettre bas les armes. — Les bourgeois eurent l'imprudence de croire à ces promesses et abandonnèrent la garde des portes.

Développement de la révolte en Basse-Bretagne.

La deuxième sédition de Rennes ayant amené une recrudescence de troubles en Basse-Bretagne, le duc de Chaulnes partit pour s'y rendre le 4 juillet, mais il eut le tort de ne prendre aucune mesure pour assurer la tranquillité de Rennes en son absence. Il était le 10 juillet au Port-Louis. Il demanda à la cour de lui envoyer des troupes, et il obtint une petite armée de 6 à 7,000 hommes, mais qui arriva en Bretagne seulement vers la fin d'août. Jusqu'à cette date, le gouverneur resta enfermé dans les murs du Port-Louis, témoin inactif de la révolte qui se développait de plus en plus autour de lui. Il se contenta de prescrire à la noblesse de s'y opposer autant que possible, ce qui devait exciter contre elle, sans résultat efficace, les populations rurales.

De la mi-juin à la mi-juillet, l'insurrection, concentrée jusque-là dans le Poher, s'étendit de proche en proche dans les évêchés de Quimper et de Léon et agita violemment, entre autres, les paroisses du littoral, de Douarnenez à Pont-l'Abbé, à Concarneau et à Quimperlé. La plupart des gentilshommes furent obligés de quitter leurs manoirs et de se réfugier dans les villes, qui restèrent presque toutes en dehors de la révolte.

C'était une guerre sociale, une sorte de jacquerie, que la tyrannie fiscale commençait à susciter en Bretagne : on peut en donner pour preuve un curieux manifeste connu alors sous le nom de *Code paysan*, formulant le programme des réformes réclamées, en juillet 1675, par une assemblée de quatorze paroisses du pays *armorique* (c'est-à-dire du pays maritime) situées entre Douarnenez et Concarneau.

Ce Code demande d'abord la révocation des édits contraires aux privilèges de la province; puis il décrète l'abolition de toutes les charges pesant sur les habitants des campagnes, non pas seulement des *droits féodaux*, mais aussi des *corvées* et des *champarts* dus par les tenanciers des domaines congéables. Il retranche aux juges leurs droits de vacation, aux prêtres la dîme et le casuel, au roi tous les impôts sauf celui des boissons qu'il réduit singulièrement. Il impose aux gentilshommes l'obligation de rentrer dans leurs manoirs, et, pour cimenter la paix entre eux et les paysans, il ordonne que « les filles « nobles choisiront leurs maris de condition « commune et les anobliront ainsi que leur « postérité, qui partagera également les biens « de leurs successions. » Il annonce l'envoi de six délégués aux prochains États de Bretagne « pour y déduire les raisons du soulè-« vement. »

Ce curieux Code défend enfin « de donner « retraite à la *gabelle* et à ses enfants et de « leur fournir ni à manger ni aucune com-« modité, mais au contraire il est enjoint de « tirer sur elle comme sur un chien enragé. » La *gabelle* était donc, pour les rédacteurs de ce Code, une sorte de bête féroce. D'autres s'en faisaient une autre idée. Mme de Sévigné raconte l'histoire d'un curé, heureux possesseur d'une pendule que ses paroissiens voulurent briser, parce qu'ils la prenaient pour la *gabelle*. D'autre part, le célèbre P. Maunoir suscita, dans la paroisse de Plouguernevel, un commencement d'émeute, parce que sa mission passait aussi pour une sorte de gabelle.

Malgré la fermentation qui échauffait les têtes, il n'y avait encore dans le peuple aucune passion mauvaise, aucun entêtement de rébellion, et avec un peu de fermeté mêlée de douceur, il eût été facile d'apaiser tous les troubles. Ainsi les quatorze paroisses du pays *armorique*, sur les représentations du marquis de Nevet, renoncèrent d'elles-mêmes à leur Code et le jetèrent au feu, promettant de rentrer dans l'ordre, pourvu qu'on supprimât les impôts du timbre et du tabac. Malheureusement le duc de Chaulnes, préférant la force à la douceur, laissa se développer et grandir l'insurrection jusqu'à l'arrivée des troupes qu'il attendait.

Il comptait, disait-on, établir son quartier général non loin de Carhais, dans le beau château du Kergoët (en Saint-Hernin), habité par une veuve, la marquise de Trévigni, n'ayant avec elle qu'un intendant et quelques domestiques. Le chef des rebelles, le notaire Le Balp ou Le Balq, pour empêcher M. de Chaulnes de s'y établir, résolut de s'emparer de ce château. Après avoir fait sonner le tocsin dans plus de vingt paroisses, il l'assaillit le 14 juillet avec six mille paysans, entassa un énorme monceau de bois contre un des pavillons et mit le feu à la toiture. Les assiégés alors ouvrirent leurs portes, l'intendant et quelques domestiques furent massacrés, le château pillé et incendié. — Le Kergoët passait pour la plus belle habitation de Basse-Bretagne : sa ruine eut dans toute la province un retentissement sinistre.

LA TROISIÈME SÉDITION DE RENNES.

(17 juillet 1675)

Cette sédition eut un caractère d'une gravité exceptionnelle : elle semble tout à fait avoir été voulue, provoquée par M. de Chaulnes et par le gouverneur de Rennes, M. de Coëtlogon.

Le duc de Chaulnes n'avait pris, en quittant la ville, aucune mesure pour empêcher le retour des troubles. Quinze jours après son départ, le 16 juillet, les agents du bureau du papier timbré se prirent de querelle, dans les salles basses du Palais, avec un clerc de procureur qu'ils battirent outrageusement. Cette provocation devait forcément amener des représailles ; les commis le comprirent si bien qu'ils enlevèrent de leur bureau tout l'argent qui s'y trouvait et ne reparurent pas. M. de Coëtlogon eût dû dès lors faire garder ce bureau par la maréchaussée ou par la milice ; il ne s'en inquiéta pas.

Le lendemain 17 juillet, comme il était facile de le prévoir, une foule nombreuse envahit la place du Palais ; un groupe d'une dizaine d'hommes armés marchait en tête ; ils enfoncèrent, sans rencontrer aucune résistance, le bureau du papier timbré et brisèrent tout ce qui s'y trouvait. Le premier coup de hache fut porté par un ménétrier de la rue Haute nommé Pierre Daligault, qui déclara plus tard avoir reçu de l'argent des « fermiers du papier timbré » pour provoquer l'émeute. Quant à la foule, elle était sans armes et assistait en simple spectatrice à cette exécution.

Quelques bourgeois de la milice, s'armant à la hâte, tuèrent un des séditieux et firent évacuer la place. En même temps, les capitaines demandèrent à M. de Coëtlogon de réunir leurs *cinquantaines*, ils essuyèrent un refus, et les émeutiers restèrent maîtres du terrain. — Le duc de Chaulnes avait résolu, on le sait, d'infliger une punition exemplaire aux habitants de Rennes : on voulait laisser le champ libre à la sédition pour justifier cette sévérité.

Malgré cela, les émeutiers se séparèrent

assez promptement, mais ils reparurent plus
audacieux les jours suivants. Des bandes
bruyantes parcouraient les rues et troublaient
l'ordre public, au point que « les bons ha-
« bitants (dit une relation contemporaine)
« n'osaient plus sortir de leurs maisons. » Des
menaces, les *tumultuaires* en vinrent bientôt
aux actes; ils tuèrent un jour les chevaux de
M. de Tonquedec, qui passait dans la rue
Haute; une autre fois ils s'en prirent à
Mme de Chaulnes elle-même. Son carrosse fut
arrêté dans la même rue, et quelques femmes
lui demandèrent de vouloir bien servir de
marraine à un enfant nouveau-né; mais dès
qu'elle eut ouvert la portière pour embrasser
l'enfant, on jeta sur ses genoux un chat crevé,
toute la foule riant et criant : « Tiens, vilaine
« bossue, voilà ton filleul! » Les gens de sa
suite s'étant mis sur la défensive, un des
émeutiers tira un coup de feu qui brisa l'épaule
d'un page. Mme de Chaulnes quitta Rennes
de très grand matin, comme en cachette, le
17 août, pour se rendre à Dinan.

ÉTENDUE ET CARACTÈRE DE LA RÉVOLTE EN BASSE-BRETAGNE.

Cette troisième sédition eut des échos

dans toute la province : de nouvelles ex-
plosions se produisirent, entre autres, aux
environs de Fougères, — dans la forêt de
la Hunaudaie, où des employés au tabac
furent massacrés, — dans l'évêché de Tréguer près de Guingamp, — à Pontivi, où
2,000 paysans saccagèrent le bureau du papier
timbré et la maison du fermier des Devoirs.
A ce moment, presque toute la Basse-Bretagne
était soulevée, savoir : toute la Cornouaille,
la moitié du Léon, les pays de Morlaix, Lannion, Guingamp, Aurai, Hennebont, Pontivi,
presque tout le duché de Rohan. Çà et là, les
idées les plus subversives commençaient à
s'afficher, le communisme même trouvait des
adeptes; les esprits s'exaltaient de plus en
plus, grâce à l'inconcevable inaction du duc
de Chaulnes.

Il eût été facile cependant de calmer sans
violence l'effervescence populaire : le P. Maunoir, au milieu de tous ces troubles, parcourait paisiblement les pays révoltés en prêchant
ses admirables missions et réussissait sur bien
des points à arrêter le désordre.

A Plouguernevel notamment, il sut gagner
la confiance des habitants, qui avaient pourtant pris tout d'abord sa mission pour la

gabelle, et « les exercices se firent comme en
« pleine paix, » dit son biographe, le P. Boschet. Le P. Maunoir apprit à Plouguernevel
que les habitants des paroisses voisines
allaient se laisser entraîner à la révolte;
pour les arrêter, il avança de huit jours la
procession qu'il avait annoncée. Ces processions, faites avec une pompe extraordinaire,
excitaient au plus haut point la curiosité du
peuple et attiraient toujours une grande af-
fluence de fidèles; des groupes d'hommes et
de femmes, vêtus de costumes spéciaux, figuraient les principaux personnages de l'Ancien
et du Nouveau Testament. De temps à autre,
la procession s'arrêtait et les acteurs repré-
sentaient les diverses scènes de la Passion de
Notre-Seigneur; puis le P. Maunoir tirait
du drame sacré des enseignements vifs et
saisissants. La procession de Plouguernevel
eut un plein succès, et les spectateurs, tou-
chés par la prédication du Père, renoncèrent
à leurs projets de rébellion. Preuve évidente
qu'il était possible de rétablir l'ordre sans
recourir à la violence.

Une chanson populaire intitulée *le Papier
timbré*, recueillie dans le pays de Lannion et
publiée par M. de Penguern (non peut-être
sans quelques retouches), montre bien les sen-

timents, « l'état d'esprit » du peuple de Basse-Bretagne dans cette insurrection [1].

On y voit le cheval du roi entrant en Bretagne monté par six agents du fisc appelés ironiquement *capitaines*. Ils apportent le papier timbré, les scellés — et la bourse du roi toujours béante. Ils sont vêtus de haillons et « maigres comme les feuilles sèches » à leur arrivée. Bientôt ils s'engraissent, ils portent des habits de velours et des épées à garde d'ivoire. Pendant ce temps, Jean le paysan, qui avant cette invasion vivait tranquillement à l'aise, est mangé et ruiné par ces impôts : « Il en avait coûté à nos bourses « de faire requinquer nos gaillards! »

Aussi conclut-il sa triste chanson par un appel à la souveraine bien-aimée, à la grande protectrice des Bretons :

« Mes amis (dit-il), si c'est vrai ce que ra- « content les vieillards, — du temps de la « duchesse Anne on ne nous traitait pas « ainsi! »

---

1. Voir A. de la Borderie, *La révolte du Papier timbré* (Saint-Brieuc, Prud'homme, 1883), p. 86-89.

CONFÉRENCE X

(8 février 1894).

RÉPRESSION DE LA RÉVOLTE DU PAPIER TIMBRÉ EN BASSE-BRETAGNE.

(Août-septembre 1675)

Le duc de Chaulnes, en attendant les troupes qui lui étaient annoncées, n'avait fait (nous l'avons vu) aucun effort pour apaiser l'insurrection. Ces troupes, fortes de 7,000 hommes, il les eut enfin à sa disposition, à Hennebont, le 24 août 1675, et il commença quelques jours plus tard la marche militaire qui devait écraser les rebelles. Voici le système qu'il suivit dans cette opération.

Toutes les paroisses des évêchés de Cornouaille, de Léon, de Tréguer et d'une partie de celui de Vannes, étant présumées coupables, durent comme telles lui adresser une supplique pour lui demander grâce et amnistie. Celles dont le territoire n'avait été le théâtre d'aucun trouble furent seulement frappées d'une taxe militaire; quant aux autres, la

grâce leur fut accordée ou refusée, selon les
circonstances, ou selon le bon plaisir du gouverneur. Les paroisses qui obtenaient grâce
étaient néanmoins privées de leurs cloches et
visitées par des détachements militaires, auxquels elles devaient livrer ceux des habitants
qui s'étaient signalés dans la révolte; ces malheureux, remis aux mains du prévôt de l'armée, étaient aussitôt jugés et exécutés. Celles
auxquelles on refusait grâce encouraient une
sévérité beaucoup plus grande : la population
entière étant réputée coupable, tous les habitants dont on pouvait s'emparer étaient immédiatement jugés et pendus. Le nombre des
paroisses de cette dernière catégorie ne semble
pas avoir été considérable.

Le 1er septembre, M. de Chaulnes était à
Quimper, où la répression avait commencé
depuis plusieurs jours déjà; il écrivait lui-
même, en effet, le 21 août, au gouverneur de
Morlaix, Hercule-François de Boiséon, que
« sur les grands chemins (de Quimper à
« Quimperlé) les arbres commencent à pen-
« cher du poids qu'on leur donne. »

Du 4 au 18 septembre, il eut son quartier
général à Carhaix. Le chef de la révolte, le
terrible notaire Le Balp, ne chercha pas à
prendre la fuite; il se retrancha dans les bois
du Timeur, à 6 kilomètres de Carhaix, et s'y

défendit avec l'obstination du désespoir. Une
tradition locale recueillie par M. Le Men,
archiviste du département du Finistère, dit
« qu'il fut *mis en pièces* par les seigneurs du
« Timeur, et qu'après sa mort les révoltés
« prirent la fuite et se dispersèrent. » C'est
là tout ce qu'on sait jusqu'ici sur cette rencontre, qui dut avoir lieu du 10 au 15 septembre 1675 [1].

Ces seigneurs du Timeur étaient deux frères

1. Il existe sur ce combat une relation contemporaine imprimée, qui doit contenir de fort intéres-
sants détails, mais que les historiens ne peuvent
consulter aujourd'hui. Elle est intitulée : *Relation
du marquis de Tymur-Montgaillard, colonel
du régiment de Champagne, de ce que le marquis de Montgaillard, son frère aîné, et lui
ont fait, l'année 1675, pour apaiser la révolte
qui troubla alors la Bretagne*, 14 p. in-4°. Cette
curieuse plaquette se trouvait autrefois à la Bibliothèque de Nantes, d'où elle a disparu depuis longtemps. Un exemplaire de cette même relation, inscrit
sur le catalogue d'un libraire de Paris, a été acheté
assez récemment par un amateur breton. On ne peut
savoir si cet exemplaire est celui de la Bibliothèque
de Nantes : son acquéreur en a itérativement refusé
communication à plusieurs érudits de Bretagne, et
il n'en a fait part au public sous aucune forme. —
Le titre de cette relation confirme d'ailleurs la tradition locale recueillie par M. Le Men.

du nom de Montgaillard, pas Bretons mais
officiers dans l'armée de M. de Chaulnes.
Quelques jours après la bataille, l'aîné se prit
de querelle à Carhaix avec un Breton, le baron
du Pontgand, et lui donna un coup de canne,
auquel Pontgand répondit par un coup d'épée
qui tua net son adversaire (Mme de Sévigné,
lettre du 20 septembre 1675).

Cette victoire du Timeur abattit complètement la révolte, et dès lors M. de Chaulnes
put donner libre cours à son ardeur de répression. Il fit pendre et rouer un grand
nombre de rebelles dans toute la Basse-Bretagne, et en envoya d'autres aux galères dans
le port de Brest; ces derniers n'en sortirent
qu'en 1694 pour repousser très bravement
une descente des Anglais à Camaret.

Les malheureux paysans étaient traqués
par les troupes comme des bêtes fauves :
« Nos pauvres Bas-Bretons, écrit Mme de Sévi-
« gné, s'attroupent quarante, cinquante, par
« les champs, et dès qu'ils voient les soldats,
« ils se jettent à genoux et disent *med culpâ*.
« On ne laisse pas de les pendre; ils de-
« mandent à boire et du tabac, et qu'on les
« dépêche, et de Caron pas un mot. » Il ne
faudrait pas induire de là qu'ils mouraient
sans souci de la vie future, car on sait que le
P. Maunoir et deux autres Pères assistèrent

maintes fois les condamnés, et le P. Maunoir
dit lui-même : « Le dernier supplice des plus
« séditieux a été pour eux un coup de prédes-
« tination. »

Le duc de Chaulnes était à Morlaix le
20 septembre, à Brest les 22 et 23, à Morlaix
encore le 24, à Lannion du 26 au 29, puis à
Tréguer et à Guingamp, où il dut rester jusque
vers le 5 octobre. Il entra ensuite dans le
diocèse de Saint-Brieuc, qui n'avait point pris
part à la révolte, et enfin il se dirigea vers
Rennes.

PUNITION DE LA VILLE DE RENNES.

(Octobre-novembre 1675)

Le prochain retour du gouverneur n'inspi-
rait aucune crainte dans cette ville. Il avait, en
effet, écrit le 5 août aux échevins : « La seule
« opiniâtreté des peuples de Basse-Bretagne a
« porté le roi à se servir des mesures ex-
« trêmes. Soyez donc persuadés et assurez
« vos habitants qu'ils peuvent être sans in-
« quiétude, à l'abri de leur zèle au service du
« roi et de l'assurance que je leur donne que
« *la marche de ces troupes n'a rien qui les*
« *regarde.* » Le 24 septembre, il écrivait
de nouveau : « Je sais qu'aucun des bons

« habitants de Rennes n'a trempé dans le
« pillage des bureaux du timbre, et que
« l'emportement de quelques vagabonds causa
« seul ce désordre... Leur rétablissement sera
« un nouveau moyen d'attirer sur Rennes les
« grâces que son obéissance et sa soumission
« aux volontés du roi lui pourront mériter. »
Enfin, M. de Coëtlogon avait déclaré solennellement, le 26 septembre, que ce rétablissement « était une mesure capable de satisfaire
« le roi, d'attirer les grâces de Sa Majesté sur
« la province, *et de procurer l'éloignement*
« *des troupes qui y sont.* »

Toutes ces belles promesses n'étaient que
mensonges, pour empêcher la milice bourgeoise de garder les murailles et de fermer les
portes de la ville. Le 11 octobre au soir, on
apprit que le duc de Chaulnes était à Saint-
Gilles avec 6,000 hommes ; le lendemain matin,
il entra à Rennes à la tête de ses troupes,
qui marchaient mèche allumée, balle en
bouche, la cavalerie le mousquet haut, les
officiers l'épée à la main. Cette armée entra
simultanément par la porte Mordelaise, la
porte aux Foulons et la porte Saint-Georges,
puis elle s'empara de tous les postes et bi-
vouaqua sur les places, comme dans une ville
conquise.

Sans doute, les fauteurs des trois séditions

de Rennes devaient être châtiés, mais était-ce bien une œuvre de justice qui s'annonçait ainsi? N'était-ce pas plutôt une œuvre de vengeance, et de vengeance personnelle? Mᵐᵉ de Sévigné, bien qu'amie du gouverneur, écrivait le 16 octobre : « M. de Chaulnes « n'oublie pas toutes les injures qu'on lui « a dites..... *C'est cela qu'on va punir.* » Et le 30 octobre, elle ajoutait : « Cette « province est un bel exemple pour les « autres, et surtout de respecter les gouver- « neurs et les gouvernantes, de ne point leur « dire d'injures et de ne point jeter de pierres « dans leur jardin. »

Aussi d'abord ne songea-t-on guère à re- chercher les auteurs de la rébellion, auxquels on avait laissé tout le temps de s'enfuir. On préféra édicter une longue série de mesures vexatoires frappant sur toute la population.

Mᵐᵉ de Chaulnes, bien escortée, rentra à Rennes le 14 octobre par la rue Haute, « pour « se satisfaire la vue de nos misères, » disait le peuple, et dès le lendemain le Parlement était transféré à Vannes, ce qui porta à la ville un coup terrible : « Rennes sans le Par- « lement ne vaut pas Vitré, » dit Mᵐᵉ de Sévigné à cette occasion.

Le même jour commença le désarmement de la milice et de toute la population rennaise,

suivi de la confiscation de l'artillerie de la ville.
Puis, le 23 octobre, le gouverneur fit publier
un arrêt du Conseil du roi ordonnant à tous les
habitants de la rue Haute de quitter de suite
leurs maisons, qui devaient être ultérieure-
ment démolies. 4,000 personnes furent ainsi
jetées sur le pavé, et Mme de Sévigné dépeint
ainsi leur détresse : « On a chassé et
« banni toute une grande rue et défendu
« de les recueillir *sous peine de la vie;*
« de sorte qu'on voit tous ces misérables,
« femmes accouchées, vieillards, enfants, errer
« en pleurs au sortir de cette ville sans savoir
« où aller, sans avoir de nourriture ni de
« quoi se coucher. »

En même temps, le duc de Chaulnes frappa
chacune des paroisses des environs de Rennes,
pour l'entretien de ses troupes, d'une contri-
bution en nature d'une valeur de 300 livres.
Le 24 octobre, il infligea à la ville une première taxe qui produisit 60,000 livres, et le
28 une seconde taxe aussi forte. Enfin les
habitants furent contraints de loger chez eux
les soldats, ce qui, malgré les ordres sévères
du gouverneur, était un grand surcroît de
charges et de continuelles vexations.

Toutes ces mesures, c'était la vengeance du
duc de Chaulnes. Comme il fallait bien aussi

faire quelque chose contre les rebelles, M. de
Marillac, intendant de justice, arrêta douze ou
quinze procureurs pendant la nuit du 17 octobre, et jeta en prison « un certain nombre
« de clercs et petites gens, même des prêtres,
« pour avoir parlé trop hardiment ou écrit des
« lettres à la campagne, car il n'en passoit
« point qu'on ne les ouvrit. » (Journal de La
Courneuve.) Absolument innocents, ils furent
relâchés au bout de quelques jours.

Finalement, on prit et on condamna neuf
séditieux : quatre furent roués, deux pendus,
deux envoyés aux galères, et le dernier banni.
Et il est à noter que, de ces neuf condamnés,
sept furent impliqués dans la deuxième sédition de Rennes, celle où le duc de Chaulnes
avait été injurié.

Le violoneux de la rue Haute, Pierre Daligault, qui avait forcé le bureau du timbre
dans la troisième sédition, subit le supplice
de la roue le 26 octobre, et son corps, coupé
en quatre, fut exposé sur des poteaux aux
quatre coins de la ville ; il déclara en mourant
« que les fermiers du papier timbré lui
« avaient donné 25 écus pour commencer la
« sédition » (Relation contemporaine de
Morel).

Un aubergiste (Jean Rivé), qui avait pris
le commandement de la compagnie de la rue.

Haute dans la deuxième sédition, eut la tète
tranchée et plantée au bout d'une pique près
du pont Saint-Martin, avec cet écriteau : *Chef
des rebelles.*

Trois autres furent roués ou pendus pour
simples menaces de mort contre M. de
Chaulnes. Quant au banni et aux deux galé-
riens, les chefs d'accusation sont fort vagues,
ils portent seulement : *pour la sédition, —
pour avoir battu le tambour.*

Ces condamnations, surtout les condamnations à mort, ne sont-elles pas odieusement
cruelles, — surtout lorsque, dans les trois
séditions de Rennes, on n'avait pu relever un
seul meurtre à la charge des émeutiers?

Cette implacable vengeance du gouverneur
fut jugée sévèrement par ses contemporains,
même par ses amis. Les 26 et 30 octobre,
Mme de Sévigné écrivait : « Cette province a
« eu grand tort, mais elle est rudement
« punie, au point de ne s'en remettre ja-
« mais... Vous pouvez compter qu'il n'y a
« plus de Bretagne, — et c'est dommage! »
Et elle ajoutait le 13 novembre : « Rennes
« est comme une ville déserte; les puni-
« tions et les taxes ont été cruelles; il y au-
« rait des histoires tragiques à conter d'ici à
« demain. » Dans une autre lettre, elle peignait
à Mme de Grignan « l'horreur, la détestation,

« la haine qu'on a ici pour le gouverneur; »
et comme sa fille essayait de défendre
M. de Chaulnes, elle répliquait : « Non,
« vous ne feriez point comme il a fait, et *le*
« *service du roi ne le voudroit pas!* »

L'armée de M. de Pommereu.

(Décembre 1675 à mars 1676)

Quand M. de Chaulnes vit se former contre
lui ce torrent d'indignation, il comprit qu'il
était temps de s'arrêter pour ne pas compromettre sa situation de gouverneur. Il fit sortir
de Rennes presque toutes les troupes et tenta
de rétablir le calme dans la province. Il fit
voter d'acclamation par les États de Bretagne,
réunis à Dinan en novembre 1675, un don
gratuit de trois millions, qu'une députation
solennelle alla porter au roi en demandant le
retrait des troupes, le retour du Parlement à
Rennes, et une amnistie générale.

Mais M. de Chaulnes, pour justifier sa vengeance, avait peint les Bretons sous des couleurs si noires, que la cour, en le voyant flé-
chir, l'accusa de faiblessse. Loin de se ranger
à son avis, elle envoya en Bretagne une nouvelle armée de 10,000 hommes, aux ordres
d'un intendant, M. de Pommereu, et sur

laquelle le gouverneur n'avait nulle autorité : on ne peut donc reprocher à ce dernier les excès dont cette armée se rendit coupable. Elle arriva au commencement de décembre 1675, et fut beaucoup plus terrible que la première. Celle-ci, en effet, composée d'archers de la maréchaussée, de régiments des *vieux-corps* et d'une partie de la maison du roi, formait une troupe d'élite, régulière et disciplinée; l'armée de M. de Pommereu, elle, ne comprenait que des soudards raccolés à prix d'argent et ne songeait qu'à saccager le pays en attendant la reprise des hostilités contre les Impériaux.

Quatre à cinq mille hommes entrèrent dans Rennes, les autres furent répartis dans la province, où ils se livrèrent aux désordres et aux violences les plus barbares. « Il s'en écarte « (écrivait en décembre Mme de Sévigné) qui « vont chez les paysans, les volent et les dé- « pouillent. C'est une étrange douleur... Il y « a en Bretagne dix ou douze mille hommes « de guerre qui vivent comme s'ils étaient « encore au-delà du Rhin : nous sommes tous « ruinés! » Mme de Chaulnes elle-même, ajoutait-elle, tardait de venir à Vitré, parce qu'elle « craignoit d'être volée par les troupes qui « sont par les chemins. »

En 1676, la licence ne fit que croître, la marquise écrit de nouveau : « Ils s'a-

« musent à voler ; ils mirent l'autre jour un
« petit enfant à la broche. » Son fils disait de
son côté : « Toutes ces troupes de Bretagne
« ne font que tuer et voler ! »

A Guingamp, un mestre de camp contraignit le receveur municipal de lui verser
1,400 livres pour solder sa dépense à l'hôtel,
et il partit sans payer, emportant l'argent.

Enfin le Journal de René du Chemin,
bourgeois de Rennes, nous montre les habitants de cette ville jetés par les fenêtres
après avoir été battus et « excedez, » les femmes violées, les enfants « liés tout nus sur
« des broches pour les vouloir faire rôtir, »
les meubles brûlés, d'énormes rançons exi-
gées... « Ils ont commis tant de crimes,
« ajoute-t-il, qu'ils égalent Rennes à la déso-
« lation de Hierusalem. » Et pour entretenir
ces troupes de bandits, la ville fut encore
frappée de deux nouvelles taxes qui rendirent
plus de 100.000 livres.

Le 1ᵉʳ mars 1676, l'armée de M. de Pommereu quitta enfin la Bretagne pour aller
faire campagne sur le Rhin, et le roi publia
une amnistie dont furent exclus cent soixante-
quatre séditieux : c'est-à-dire qu'on renonça à
chercher de nouveaux coupables, sans am-

nistier ceux contre lesquels des charges existaient déjà.

Quant au Parlement, il ne rentra à Rennes
que quatorze ans plus tard, et encore la ville
dut-elle acheter son retour par un don de
500,000 livres.

CONCLUSION.

Telle fut dans ses grandes lignes la révolte
du Papier timbré de 1675.

Le premier coupable de cette révolte, c'est
le gouvernement de Louis XIV, qui viola les
privilèges de la Bretagne en frappant de nouveaux impôts sans l'assentiment des États de
la province, et surtout en les rétablissant
après en avoir vendu à prix d'argent la suppression aux États.

Le second et principal coupable, c'est le duc
de Chaulnes, qui ne prit d'abord aucune mesure pour calmer la sédition, puis, après
l'avoir laissée se développer sans obstacle et
même l'avoir provoquée, se plut à la réprimer
avec une cruauté excessive, qui mérite les
flétrissures de l'histoire.

Nous avons vu comment la noblesse, en
la personne de Mme de Sévigné, jugeait la
conduite du gouverneur. Les mémoires du

temps nous ont appris l'opinion de la bourgeoisie. Un tableau allégorique exécuté en 1676 pour Jean de la Monneraye, archidiacre de Rennes, va nous montrer ce qu'en pensait le clergé.

Un char, traîné par deux tigres et conduit par un diable, porte sur un amas d'argent et de papier timbré un personnage drapé à la romaine, dont l'embonpoint rappelle le duc de Chaulnes. Le char s'avance, en écrasant une foule d'hommes, de femmes et d'enfants, vers une fournaise qui figure l'enfer ; derrière lui la Justice et la Paix pleurent tristement. Un cartouche porte cette inscription : *Les riches et les pauvres sont injustement accablés* [1].

1. Ce tableau faisait partie de la riche collection, aujourd'hui dispersée, de M. Jules Aussant.

CONFÉRENCE XI

(15 février 1894).

MACHINE INFERNALE DES ANGLAIS CONTRE SAINT-MALO (1693).

En 1693, la France luttait depuis cinq ans contre la coalition européenne connue sous le nom de *Ligue d'Augsbourg*, dont l'âme était Guillaume III, roi d'Angleterre. Pour se venger des intrépides corsaires malouins qui décimaient sa marine et ruinaient le commerce de ses sujets, ce prince résolut de détruire la ville de Saint-Malo.

Le jeudi 26 novembre 1693, une flotte anglaise de trente à quarante voiles vint mouiller entre le Grand-Bé et la Conchée; elle lança pendant la nuit une trentaine de bombes, dont sept tombèrent sur la ville, perçant seulement le mur d'une maison et brisant une des verrières de la cathédrale. La nuit suivante, quatre-vingts bombes furent lancées, mais vingt à peine atteignirent la ville, sans y causer de dégâts importants. Les Malouins ripostaient pendant le jour, ils brisèrent même le mât d'une galiote.

Le 28, les Anglais débarquèrent dans l'île de Césembre pour piller le couvent des Récollets, où ils espéraient trouver d'abondantes provisions de bouche ; mais les moines s'étaient réfugiés à Saint-Malo et n'avaient laissé dans l'île qu'un pauvre fou et deux frères infirmes. Les Anglais durent se contenter de profaner la chapelle et d'incendier le couvent ; un soldat annonça à l'un des frères que *le lendemain Saint-Malo n'existerait plus*. Dans la soirée, ils lancèrent encore quelques bombes, puis la nuit suivante (29 novembre) ils dirigèrent vers la ville un immense brûlot, auquel ils donnaient eux-mêmes le nom de *machine infernale*.

C'était un navire à trois ponts, du port de quatre cents tonneaux, renfermant à l'étage inférieur 20,000 livres de poudre en barils ; — à l'étage au-dessus, huits cents bombes à feu et deux cents *carcasses* ou rouleaux d'étoupe remplis de grenades et resserrés entre deux plaques métalliques et des cercles de fil de fer ; — au-dessus encore, une trentaine de barils d'artifice munis de fusées, — et enfin sur le pont supérieur, des poutres, des mâts brisés, des cabestans, de vieux canons, etc... Le feu devait être communiqué à la poudre par une mèche renfermée dans un tube qui traversait les trois étages; l'explosion devait faire sauter le navire avec tout ce qu'il renfermait, et pour qu'elle fût plus terrible encore, on avait maçonné les ponts.

Les Anglais projetaient d'amener pendant la nuit cette machine infernale près des murs de la ville, du côté du château, de l'y fixer par des grappins, puis de se retirer à la hâte; ils espéraient renverser les murailles par la force de l'explosion, tuer un grand nombre d'habitants et détruire une partie de la ville au moyen des projectiles, enfin incendier le reste par les barils d'artifice qui devaient retomber en pluie de feu.

Le brûlot, monté par quelques hommes et remorqué par trois chaloupes, s'approcha de la ville vers minuit; il passa près du Fort-Royal sans en être aperçu et se dirigea vers la porte Saint-Thomas. Il n'en était plus éloigné que de quarante à cinquante pas, lorsqu'une sentinelle entendit quelque bruit sur l'eau. Au même instant le navire toucha sur un rocher, une voie d'eau se déclara et noya les poudres, la force du choc brisa la mèche et le tuyau qui la contenait. Cette mèche était déjà allumée, mais elle ne put mettre le feu qu'aux pièces d'artifice; l'explosion ne lança en l'air que les projectiles accumulés sur le pont supérieur et, bien que très violente, elle fut d'une force infiniment moindre que si les 20,000 livres de poudre avaient sauté. Les bombes et les carcasses furent simplement éparpillées dans les sables autour du navire.

L'effet fut à peu près nul : quelques toitures défoncées, beaucoup de vitres brisées, un nuage de feu enveloppant la ville pendant quelques minutes, — et ce fut tout. Un lourd cabestan, après avoir défoncé la toiture et le grenier d'une maison, s'arrêta sur deux poutres, au-dessous desquelles dormaient deux petits enfants qui n'eurent aucun mal.

Le bruit, toutefois, avait été effroyable et s'était prolongé pendant plusieurs minutes, parce que toutes les pièces d'artifice n'avaient point éclaté en même temps. Le duc de Chaulnes, arrivé de la veille au soir, était dans son hôtel quand l'explosion se produisit. « On sentit une secousse, dit un de ceux qui « l'entouraient, suivie d'un bruit le plus épou- « vantable qui se soit jamais fait entendre... « Un feu effroyable entra par toutes les fe- « nêtres des salles avec de si furieux éclats « qu'ils enfoncèrent les boiseries et les vitra- « ges avec des éclats qui ne se peuvent conce- « voir. » (*Mercure Galant* de décembre 1693.)

Le lendemain à marée basse, les Malouins

purent contempler l'horrible navire, fracassé par l'explosion, entouré des bombes et des barils de poudre épars sur la grève. Cinq ou six cadavres anglais furent aussi trouvés, avec celui de l'inventeur de la machine infernale, un protestant français, dit-on, du nom de Fournier, réfugié en Angleterre depuis la révocation de l'édit de Nantes.

Au demeurant, la machine infernale ne fit à Saint-Malo que trois victimes : un chat et deux chiens, et même certaines relations ne mentionnent que le chat, témoin le quatrain suivant :

> L'Anglois, semblable à la montagne
> Qui ne put enfanter qu'un rat,
> Dans sa Malouine campagne
> N'a fait périr qu'un pauvre chat.

En 1695, les Anglais tentèrent de prendre leur revanche. Une flotte anglo-hollandaise vint bombarder la Conchée le 14 juillet, Saint-Malo le 15 et le 16 ; elle lança seize cents bombes, dont huit à neuf cents tombèrent dans la ville : dix personnes périrent, huit cents maisons furent atteintes et sept furent brûlées. La flotte se retira le 18, après avoir perdu quatre à cinq cents hommes, et ce nouveau bombardement n'arrêta pas les exploits admirables des corsaires malouins, exploits que couronna la prise de Rio de Janeiro par le grand du Gué Trouin en 1711.

LA BRETAGNE PROVINCE. — TROISIÈME ÉPOQUE.

LUTTE CONTRE L'ABSOLUTISME (1715-1789).

Après la mort de Louis XIV, la Bretagne, muette depuis 1675, engagea contre le pouvoir royal, pour la défense de ses libertés, une lutte qui se prolongea, avec des alternatives diverses, jusqu'à la Révolution. Deux épisodes de cette lutte sont particulièrement célèbres : l'un se produisit sous la régence du duc d'Orléans (1717-1720), l'autre au déclin du règne de Louis XV (1764-1769). Le premier est connu sous le nom fort inexact de *Conspiration de Pontcalec;* le second sous le nom, un peu moins impropre, d'*Affaire La Chalotais*.

Le titre qui conviendrait le mieux au premier de ces épisodes serait : *Association bretonne de 1718 pour la défense des libertés de la Bretagne.*

LUTTE DES ÉTATS DE BRETAGNE CONTRE LE MARÉCHAL DE MONTESQUIOU (1747-1748).

Les désastres des dernières années du règne de Louis XIV avaient tari le trésor public; la Bretagne, à elle seule, s'était endettée de 30 millions pour contribuer aux dépenses générales du royaume. Malgré cette situation obérée, les États de Saint-Brieuc de 1745 votèrent sans discussion toutes les dépenses demandées au nom de la couronne, qui n'allaient pas à moins de 9 millions. Lorsqu'ils cherchèrent à en déterminer l'assiette, ils ne purent trouver que 5 millions de ressources. Le Régent avait annoncé son intention de rétablir l'ordre dans les finances; les États, confiants dans ses promesses, envoyèrent près de lui des députés pour le prier de réduire leurs engagements; ils n'obtinrent aucune satisfaction et en furent fort mécontents.

Le maréchal de Châteaurenault, commandant de la province [1], réussit à calmer les esprits, mais il mourut en 1716 et fut rem-

---

1. Le gouverneur était le comte de Toulouse; comme il ne venait jamais en Bretagne, ses fonctions étaient exercées par le premier lieutenant-général, qui avait le titre de commandant de la province.

placé par le maréchal de Montesquiou, brave soldat et déplorable administrateur, ne comprenant rien à l'attachement de la Bretagne pour ses libertés légales, traitant cet attachement de mutinerie et de révolte, et déclarant les Bretons « pires qu'un mauvais « régiment. » Avec cela, vieux courtisan étourdi, vaniteux et libertin.

A côté de ce triste commandant se démenait un agioteur sans vergogne, Michau de Montaran, d'une famille étrangère à la Bretagne, mais qui avait acheté la charge de trésorier des États. Spéculant sur la situation de la province, Montaran lui avançait de l'argent à plus de 7 % d'intérêt, et se faisait donner en gage les impôts, qu'il percevait avec la dernière rigueur; il allait jusqu'à refuser de rendre compte de sa gestion aux États. Ceux-ci indignés voulaient absolument racheter sa charge; mais il mit Montesquiou de moitié dans ses gains, et s'en fit un protecteur tout-puissant.

Cependant le mécontentement augmentait chaque jour, et le 28 juin 1717, un grand nombre de gentilshommes bretons adressèrent au comte de Toulouse, qui avait le titre de gouverneur de Bretagne, une lettre collective, pour lui exposer l'impossibilité où était la province de payer l'impôt du dixième.

Les États devaient se réunir vers la mi-décembre ; pendant tout le mois précédent la noblesse tint des réunions pour aviser aux moyens de remettre l'ordre dans les finances. Elle voulait notamment, comme nous venons de le dire, racheter la charge de trésorier des États pour la confier à un honnête homme, — contraindre Montaran à rendre des comptes, — supprimer les emprunts, — rembourser le plus promptement possible les dettes, — enfin faire respecter les libertés de la province.

LES ÉTATS DE DINAN DE 1747.

Les États s'ouvrirent le 15 décembre 1747, à Dinan, dans l'église des Cordeliers. Après une harangue hautaine du maréchal de Montesquiou, les trois ordres nommèrent, dès la première séance, la Commission de *la recherche des fonds par estime*, pour se renseigner sur les ressources financières du pays. Le 16, l'intendant [1], M. Feydeau de Brou, demanda aux États un don gratuit de deux

1. Depuis la révolte du Papier timbré il y avait un intendant en Bretagne. Le premier fut M. de Pommereu (1689), qui eut pour successeurs Béchameil de Nointel en 1692, Ferrand en 1705, Feydeau de Brou en 1716.

millions; la noblesse et le tiers refusèrent de le voter avant d'avoir pris connaissance de l'état des ressources. Le 17, l'intendant renouvela sa demande, les États ajournèrent de nouveau, promettant de voter la somme après avoir équilibré les dépenses et les recettes. Sans tenir compte de cette déclaration, le maréchal vint en personne le lendemain prononcer la séparation des États, — mesure violente qui ne s'était jamais vue jusqu'alors, et qu'il maintint malgré plusieurs tentatives de conciliation. MM. de Bonamour, de Piré, de Noyant, membres de la commission de la recherche des fonds, et M. du Groësquer (de l'évêché de Tréguer), furent exilés de Bretagne et envoyés à Paris pour rendre compte de leur conduite.

Le maréchal n'avait pas songé aux conséquences financières de son coup d'état : les taxes votées aux États de 1745, cessant d'être en vigueur à la fin de 1747, ne pouvaient plus être perçues à partir du 1er janvier 1748. Pour parer à cet inconvénient, il demanda au Parlement, le 31 décembre, l'enregistrement d'un arrêt du Conseil prorogeant ces taxes, mais le Parlement refusa et présenta au roi des remontrances.

Furieux de cette résistance, Montesquiou fit exiler de Bretagne le président de Rochefort et le conseiller de Lambilly. La noblesse et le Parlement rompirent alors toute relation avec lui, et le maréchal, pour se venger, ne trouva rien de mieux que de solliciter des punitions contre quelques jeunes officiers qui refusaient de fréquenter ses salons, et d'exiler dans ses terres Mme de la Coquerie, mère du président de Rochefort, qu'il accusait de monter « une cabale pour empêcher les mes- « sieurs et dames d'aller manger chez lui. »

Tout cela ne faisait pas rentrer l'impôt. Le Parlement avait seulement consenti à enregistrer une taxe dite des *quatre sous pour livre*, mais à la condition qu'elle ne serait pas perçue avant la réunion des États. Montesquiou voulait, pour remplir les coffres, employer la violence et demandait l'envoi de nouvelles troupes, bien qu'il y eût déjà à Rennes, en dépit des privilèges de la ville, un bataillon d'infanterie et un régiment de dragons. Mais les gentilshommes bretons exilés à Paris avaient rédigé un mémoire justificatif qui obtint à la cour et à la ville un grand succès, et le Régent se décida à rappeler les États.

REPRISE DES ÉTATS DE DINAN EN 1718.

Cette assemblée se réunit donc de nouveau
à Dinan le 1er juillet 1718, non pour une
nouvelle session, mais pour reprendre et
continuer celle qui avait été brutalement
rompue le 18 décembre précédent.

Les États firent preuve d'abord d'un grand
esprit de conciliation : le don gratuit fut voté
sans discussion dès la première séance, et de
nouveaux membres furent nommés pour remplacer dans les commissions les gentilshommes exilés qui avaient eu permission de rentrer en Bretagne, mais défense de paraître
aux États. Le maréchal, croyant à tort voir
dans ces concessions l'effet de la peur, se
montra plus intraitable que jamais, et d'une
simple question d'affaires fit naître un conflit
violent qui aboutit à des catastrophes.

Avant 1710, la Bretagne payait sur les boissons un impôt unique appelé les *devoirs de
billot,* qui était perçu chez les débitants et ne
frappait guère que la consommation des caba-
rets ; cette taxe rapportait en moyenne 2 millions 325,000 livres par an. En 1710, les
États avaient consenti un nouvel impôt, le
droit des entrées, qui visait toutes les boissons entrant dans les ports, villes et gros

bourgs de la province. Le produit de ce nouveau droit avait été affermé pour huit années au prix de 642,500 livres par an, et comme le besoin d'argent était pressant, Montaran, trésorier des États, avait avancé la somme totale des huit années, avec des intérêts usuraires qui réduisaient l'annuité à 387,500 livres. Cette taxe, en augmentant le prix des boissons, fit diminuer la consommation et réduisit de 800,000 livres le produit de l'impôt des devoirs; en sorte que la Bretagne y perdait chaque année près de 420,000 livres.

Les États de Dinan profitèrent de l'expiration du bail en 1748 pour supprimer cet impôt (14 juillet); mais Montaran ne se résigna pas à perdre ainsi le bénéfice annuel de 225,000 livres qu'il lui rapportait, et Montesquiou, son complice stipendié, n'hésita pas à violer toutes les libertés de la Bretagne pour maintenir cette taxe, et à engager de gaieté de cœur le plus grave conflit.

Le 30 juillet, le Conseil d'État rétablit les *entrées*, au mépris de la décision des États et, par conséquent, des privilèges de la province. Le 4 août, le clergé et le tiers consentirent à l'enregistrement de l'arrêt du Conseil; la noblesse, au contraire, s'y opposa formellement, et comme le concours des trois ordres était nécessaire en pareille matière, une nouvelle délibération fut reconnue nécessaire. Mais le 6 août le maréchal entra dans l'assemblée, déclara hautainement que la majorité de deux ordres était suffisante, et fit signer de suite aux présidents des trois ordres, qu'il avait à sa disposition, le procès-verbal de la délibération de la veille.

Le lendemain, les trois ordres nomment des députés pour aller se plaindre au roi de cet enregistrement irrégulier, Montesquiou s'oppose à leur départ. Ils rédigent alors deux protestations (8 et 11 août), et le surlendemain M. de Coëtlogon, l'un des procureurs-syndics des États, va à Rennes et les fait enregistrer au greffe du Parlement : ce qui suspendait légalement la perception de l'impôt des *entrées*.

De retour à Dinan, M. de Coëtlogon est arrêté, exilé, et douze gentilshommes exclus des États. Le 20 août, les trois ordres formulent en termes très énergiques une nouvelle protestation contre tous ces excès de pouvoir, mais le Régent, sous l'inspiration du garde des sceaux d'Argenson, complice de Montaran et de Montesquiou, la repousse dédaigneusement.

Alors la noblesse, n'espérant rien de ce côté, se tourne vers le Parlement ; elle y fait enregistrer le 2 septembre son opposition à la levée des *entrées*, et le 7, le Parlement rend un arrêt défendant de lever aucune taxe sans le consentement exprès des États. La noblesse fait aussitôt signifier au greffe des États son opposition contre toute ferme et adjudication d'impôts qui serait faite en violation de cet arrêt; opposition signée par soixante-deux gentilshommes au nom de tous les autres.

Montesquiou s'en venge en faisant exclure des États et chasser de Dinan *manu militari* ces soixante-deux signataires et une dizaine d'autres membres.

A la nouvelle de cet attentat, presque toute la noblesse et beaucoup de députés des autres ordres se retirent; le maréchal passe outre, il continue la session avec cinquante membres à peine et procède à l'adjudication des fermes et aux baux des devoirs.

Le 23 septembre enfin, il déclare la session close et s'en va finir l'automne au milieu de ses favorites dans le château de Laillé, convaincu qu'il a définitivement détruit les libertés de la province. Nous verrons la réponse que lui prépare l'énergique patriotisme des Bretons.

CONFÉRENCE XII

(22 février 1894).

**ASSOCIATION POUR LA DÉFENSE DES LIBERTÉS
DE LA BRETAGNE.**

Les procédés arbitraires, illégaux et violents employés par Montesquiou décelaient aux yeux de tous des projets sinistres qu'un contemporain[1] qualifie ainsi dans ses Mémoires domestiques : « Il est certain que le « maréchal, l'intendant et Montaran ont formé « un plan pour changer le gouvernement de « la province. »

En effet, faire casser par le Conseil du roi les décisions des États en matière de finances, faire enregistrer ces arrêts contre la volonté

---

1. Jacquelot, sieur du Boisrouvrai. La partie de ses Mémoires concernant les États de Dinan de 1718, l'Association patriotique bretonne et la conjuration dite de Pontcallec, a été publiée par M. le docteur G. de Closmadeuc, à Vannes, dans le *Bulletin de la Société polymathique du Morbihan,* année 1871, 2ᵉ semestre.

des trois ordres, refuser aux États toute communication directe avec la couronne, exiler une foule de leurs membres ou les chasser des séances, c'était à bref délai, si une résistance énergique n'y était opposée, la suppression des États, l'abolition des privilèges de la province et de la constitution bretonne, l'avènement du régime absolu.

Que faire contre ces violences du pouvoir? La ville où se tenaient les États ne devait pas avoir de garnison, mais le maréchal s'y faisait suivre d'un escadron de cavalerie qui formait sa garde, et de plus de deux cents officiers. Cette force rendait impossible toute résistance aux actes arbitraires de Montesquiou. Mais il y avait en Bretagne plus de mille gentilshommes ayant le droit d'entrer aux États. Si l'on pouvait, aux sessions suivantes, en faire venir, par exemple, sept à huit cents, cette masse tiendrait en échec les séides du maréchal; on pourrait dès lors braver les ordres d'exil et d'exclusion, ce qui maintiendrait la liberté des États; et un tel nombre de membres résolus à défendre les privilèges de Bretagne entraînerait certainement les délibérations de l'assemblée.

Il fallait donc d'abord trouver le moyen d'en amener aux prochains États le plus grand nombre possible.

L'ACTE D'ASSOCIATION.

Dès la reprise des États de Dinan en 1718, Talhouët de Bonamour et les autres gentilshommes exclus de cette assemblée s'étaient réunis à Rennes et y avaient formé avec quelques membres du Parlement, notamment M. de Lambilly, une sorte de comité directeur qui se tenait en relation journalière avec les États. Ce comité imagina de rédiger et de faire signer par tous les Bretons, et d'abord par tous les gentilshommes, un acte d'association contenant l'engagement de soutenir par tous moyens, spécialement dans l'assemblée des États, les droits de la province. C'est ce qu'on appela *le traité d'union ou d'association pour la défense des libertés de la Bretagne.* On peut, sans crainte de se tromper, attribuer à Bonamour l'idée de cette association et le texte du traité.

Après avoir rappelé que « *le plus essentiel de ces droits est l'assemblée des États de la nation, que l'essence de cette assemblée est d'être libre, qu'elle a le droit d'entrer dans tout ce qui regarde le gouvernement de la province, que son consentement est nécessaire pour l'établissement des lois, et qu'on ne peut mettre sans sa participation aucune imposi-*

tion; après avoir énuméré les titr[es] [l]égaux sur lesquels s'appuient les droits [de l]a Bretagne et des États, puis les attentat[s] commis par Montesquiou, l'acte d'union contient l'engagement *de soutenir par toutes sortes de voies justes et légitimes, sous le respect dû au roi et à S. A. R. le duc d'Orléans, régent du royaume, tous les droits et privilèges de la province de Bretagne.* Les associés promettaient, si l'un d'eux venait à être *troublé en sa personne, sa liberté ou ses biens, de faire toutes les choses nécessaires pour le tirer de l'état où il serait réduit pour l'intérêt de la cause commune, jusqu'à périr plutôt que de le souffrir opprimé, et de l'indemniser de toutes les pertes et frais qu'il pourroit faire pour le bien commun.* » Chacun s'engageait enfin à ne se retirer de l'Association sous aucun prétexte.

Le but principal de cet acte d'union était, on le voit, d'assurer la liberté des membres des États et de prêter main forte à ceux qui recevraient des ordres d'exclusion ou d'exil, pour leur permettre d'y résister. Mais cette résistance devait s'exercer par les voies légales, en respectant l'autorité du roi et du régent Philippe d'Orléans, ce qui ne permet pas de rattacher l'Association bretonne à la conspiration de Cellamare, laquelle était essentiellement dirigée contre le régent. L'on demandait surtout aux signataires de l'acte d'union d'assister aux États, et c'était le principal engagement qu'ils pensaient contracter.

La propagande commença en septembre 1718, aussitôt après la clôture des États de Dinan. M. de Pontcallec fut, le premier de tous, sollicité de signer l'acte, mais il refusa, parce que, dit-il, il se rendait rarement aux États. L'on en fit alors trois expéditions, afin de recueillir promptement des signatures; pour aller plus vite encore, on en rédigea un abrégé en quelques lignes contenant simplement la promesse de seconder les signataires du traité d'union, de soutenir les privilèges de la Bretagne et de travailler à la délivrer du joug des gens d'affaires, sous l'autorité du roi et du régent.

En deux mois, trois cents signatures furent recueillies; Pontcallec consentit alors à y joindre la sienne (le 4 novembre), et ce fait prouve à lui seul qu'il n'était ni l'instigateur, ni le chef de l'Association. Mais on attachait un grand prix à son adhésion, à cause de sa situation considérable dans le pays de Vannes.

Chrysogone-Clément de Guer, marquis de Pontcallec, avait alors trente-huit ans; après avoir servi pendant dix ans, il était revenu en Bretagne pour s'occuper de la gestion de ses affaires. Doué de plus de fougue que de jugement, il vivait en gentilhomme chasseur dans son grand château, dans ses vastes domaines du Pontcallec [1] et pratiquait une large hospitalité vis-à-vis des gentilshommes et des paysans des environs; il passait même pour faire ou favoriser sur une grande échelle la contrebande du tabac, ce qui contribuait encore à lui donner de la popularité.

ASSEMBLÉE DE LANVAUX.

(13 avril 1719)

Chaque mois, les principaux membres de l'Association patriotique bretonne se réunissaient pour se concerter entre eux. En janvier 1719 ils se donnèrent rendez-vous à Carhais, en février à Pontivi, en mars au château du Pontcallec, en avril enfin, ils choisirent le bois de Lanvaux, à trois lieues d'Aurai. Le nombre des associés était alors de sept à huit cents; l'on n'avait convoqué toutefois qu'une trentaine de personnes sous

---

1. Le château est en la paroisse de Berné, auj. com^{ne} du c^{ton} du Faouët, arrond. de Pontivi, Morbihan.

le prétexte d'une partie de chasse. Seize gentilshommes environ se trouvèrent à Lanvaux
le 13 avril 1719. Sur la proposition de Bonamour, de Lambilly et de La Berraie, qui
étaient les présidents de l'assemblée, on résolut de rédiger une requête au régent contre les
violations des privilèges de Bretagne et de
rechercher les mesures à prendre pour contraindre Montaran à rendre ses comptes;
puis on nomma vingt-sept commissaires, trois
par évêché, pour propager et soutenir l'Association, lesquels devaient se réunir chaque
mois afin de « délibérer sur les affaires com-
« munes. »

Toutes ces résolutions, prises sur l'initiative
de Bonamour, étaient parfaitement légales;
mais Lambilly fit ensuite une proposition
d'un genre tout différent : il demanda l'envoi
en Espagne d'un député chargé de solliciter,
au nom de la noblesse bretonne, « la protec-
« tion de cette puissance. » Tous les assis-
tants, sauf un, repoussèrent cette idée, déclarant « n'avoir en vue que l'affaire des
« États de la province; » puis ils se séparèrent.

Les commissaires élus par eux tinrent régulièrement des conférences en mai à Pontivi,
en juin à Moncontour, en juillet à la Martyre
près Landernau. Passé ce mois, les circon-

stances firent dévier, comme nous le verrons, l'Association de sa ligne primitive.

PRISE D'ARMES DE QUESTEMBERT.

(21 juin 1719)

Dès la fin de mai, Pontcallec avait conçu des craintes pour sa sûreté personnelle, non pas pour un motif politique, car l'Association n'était pas sortie de la légalité, l'autorité en soupçonnait à peine l'existence ; mais il savait que Dupleix, fermier de l'impôt du tabac, avait obtenu contre plusieurs fraudeurs des lettres de cachet pour les envoyer au *Mississipi*, et il craignait d'être enlevé, bien que ce fermier, en médiocre faveur près de Montesquiou, n'eût à sa disposition que des archers de la maréchaussée. Pour éviter une surprise, il passait la nuit au fond de la forêt qui borde son château, dans une loge de feuillage, gardé par une quinzaine de paysans armés et muni de chevaux sellés prêts à partir.

Au mois de juin, il eut une vive alerte ; il apprit que le régiment de Champagne, tenant depuis peu garnison à Vannes, devait faire prochainement une expédition vers le centre de la Bretagne, dans la direction du Pontcallec. Convaincu que cette expédition avait

pour but de s'emparer de sa personne, Pontcallec, de concert avec Lambilly, fit appel
aux membres de l'Association habitant les
pays de Vannes, de Guérande, de la Roche-
Bernard, et le 24 juin près de deux cents
gentilshommes se trouvèrent réunis dans les
landes de Questembert, avec une nombreuse
suite de valets armés de fusils, de baïon-
nettes et de pistolets. Bonamour y exhiba une
arme de son invention, le *milouflet*, sorte de
pistolet ajusté au bout d'un bâton. Quant à
Lambilly, cédant aux instances de sa femme,
il ne vint pas au rendez-vous, encore bien
qu'il eût convoqué les autres et organisé
l'expédition. Cette troupe, après quelque hési-
tation, alla se loger dans le vieux manoir de
Keredren (en Questembert), fortifié à la go-
thique, appartenant à Talhouët Boisorhant.
De là, ils envoyèrent des éclaireurs savoir si
le régiment de Champagne avait tout entier
quitté Vannes, cas auquel les plus ardents
proposaient d'aller s'emparer de cette ville,
ainsi que de Malestroit et de Ploërmel. Mais
ils surent bientôt que la moitié seulement
du régiment était partie pour une expédition
qui ne menaçait nullement le Pontcallec. Ils
se séparèrent alors sans avoir tenté aucune
démonstration (26 juin).

Cette prise d'armes eut une grande influence sur la suite des événements. D'une part, elle avait compromis tous les membres de l'expédition, qui, se sentant exposés à des poursuites, répugnèrent depuis lors beaucoup moins à se jeter dans les voies violentes. D'autre part, elle prouvait la force de l'Association, qui avait pu rassembler deux cents gentilshommes sur l'appel inopiné d'un de ses membres. On en concluait qu'avec une préparation plus complète on pourrait aisément réunir 1,500 à 2,000 hommes, et faire, au moins comme coup de main, une expédition sérieuse. On ne songeait pas qu'en lançant l'Association dans cette voie, on en changerait le caractère et qu'on se préparerait par là d'inévitables déceptions.

LE REFUS DE L'IMPOT.

(Juillet et août 1719)

La situation de la province et l'état des esprits semblaient, il faut le reconnaître, exciter les associés à une action énergique. La misère du peuple ne faisait que croître, on redoutait une disette, et l'agitation gagnait les masses. La cherté des grains et leur prétendu accaparement en juin 1719 amena de graves émeutes, notamment à Lamballe et à

Vitré. Les impôts rentraient mal dans toute la province, il y avait même, entre la chaîne du Mené et les montagnes Noires, tout un groupe de paroisses, dont les principales étaient Bothoa, Laniscat, Cléguerec (soit 15 à 20,000 âmes), qui depuis dix ans ne payaient plus ni dixièmes, ni capitation : c'est contre ces paroisses que marchait le régiment de Champagne dont la sortie avait alarmé Pont-callec ; malgré ses coups de sabre, il n'en tira pas grand'chose.

Le 2 juillet, le receveur des droits de la traite domaniale, venu à Vitré pour faire sa recette, se vit assiégé dans son hôtel par une foule mutinée qui voulait le mettre en pièces, disant que tous ces impôts, « c'était *des volc-ries.* »

Dans le pays de Guérande, le refus de l'im-pôt devint général, et il fallut, au mois de juillet 1719, en suspendre le recouvrement. Au commencement d'août, l'intendant envoya une forte brigade d'archers, sous les ordres d'un lieutenant du prévôt appelé Le Camus, pour tenter d'en reprendre la perception ; mais une cinquantaine de gentilshommes entrèrent dans la ville avec une suite nombreuse, cernèrent la caserne des archers et les forcèrent à quitter le pays (15 août 1719).

Et aux environs de la Roche-Bernard, deux

huissiers de la Chambre des Comptes, ayant saisi les bestiaux d'un laboureur, furent battus par une troupe de paysans conduite par des gentilshommes, et contraints de rendre les bêtes.

Toutes les classes de la société s'entendaient donc sur la question du refus de l'impôt. C'était là le terrain qu'aurait dû choisir l'Association bretonne pour en faire la base inexpugnable de ses revendications. Si la noblesse avait convié le peuple à se délivrer de la fiscalité oppressive qui le ruinait, elle eût provoqué aussitôt un soulèvement beaucoup plus redoutable encore que n'avait été celui du Papier timbré, puisque les paysans auraient eu pour diriger leur fougue et leurs masses ce qui leur manqua en 1675, des chefs rompus au métier des armes, comme l'étaient alors tous les gentilshommes.

Bonamour le comprit à merveille, et dans une assemblée des principaux associés qui eut lieu vers le 20 juillet au bois de Kerlen en Priziac, près du Faouët, il proposa de former, « pour commencer le mouvement, » une troupe de cinq cents fraudeurs qui distribueraient gratuitement du tabac et iraient ensuite chercher du sel à Guérande pour le vendre en Anjou sans payer de droits. Quelques jours plus tard, il proposa encore de soutenir énergiquement les paroisses du centre de la Bretagne envahies par le régiment de Champagne.

Malheureusement, cette opinion ne prévalut pas; la plupart des gentilshommes ne connaissaient que la guerre régulière, ils n'avaient aucune confiance dans une guerre de partisans; beaucoup se prenaient à regretter le rejet de la proposition de M. de Lambilly qui, si elle eût été adoptée, leur aurait donné l'appui d'un corps de troupes espagnoles.

NÉGOCIATIONS AVEC L'ESPAGNE.

(28 juillet 1719)

Ceux des associés qui nourrissaient ce regret ne le gardèrent pas longtemps. Peu de jours après l'assemblée du bois de Kerlen, M. de Lambilly convoqua les principaux membres de l'Association à son château de Kergrois, en Rémungol, pour le 27 juillet à minuit; quinze ou seize répondirent à son appel, parmi lesquels Pontcallec, Bonamour, La Berraie, Rohan-Pouldu, Talhouët de Boisorhant, etc. Le lendemain, M. de Lambilly présenta à ses hôtes un gentilhomme breton, Hervieu de Mellac, qu'il avait envoyé en

Espagne, vers la fin de mai 1719, malgré la décision de l'assemblée de Lanvaux.

Mellac s'était présenté au roi Philippe V comme député de la noblesse bretonne pour lui offrir la régence du royaume, et le roi l'avait chargé d'une lettre pour les gentils-hommes de Bretagne, dans laquelle il les félicitait de leur décision, promettait de les soutenir et protestait de l'intérêt qu'il portait à son neveu, le roi de France.

La lettre royale trouva bon accueil parmi les associés présents à Kergrois; une réponse fut aussitôt rédigée et signée par tous avec la qualification de : *Commissaires des neuf évêchés de Bretagne*. En même temps l'on écrivit au cardinal Albéroni, ministre de Philippe V : on lui demandait 2 millions d'argent, 20,000 fusils, 5 à 6,000 hommes de troupes et une somme de 100,000 écus à distribuer en Bretagne par Mellac quinze jours avant le débarquement. — Chargé de ces lettres, ce même Mellac repartit pour l'Espagne le 15 août 1719.

Cette alliance conclue avec l'étranger produisit dans l'Association une véritable scission qui, sans éclater d'abord, n'en fut pas moins réelle. Les signataires de cette lettre modifiaient profondément l'essence du traité d'union, se mettaient en contradiction directe avec la décision de l'assemblée de Lanvaux, et ne pouvaient engager dans une telle voie leurs co-associés sans les consulter.

En droit, toutefois, cette alliance avec l'Espagne était incontestablement légitime.

L'union de la Bretagne à la France avait été faite sous la condition expresse du maintien des privilèges de la province, dont le principal était le libre vote de l'impôt par les États. Cette condition, acceptée en 1532, confirmée depuis à chaque session des États, ratifiée encore en 1716, venait d'être outrageusement violée. L'on avait imposé à la Bretagne un impôt repoussé par les États, on foulait aux pieds la liberté de leur vote, on ne permettait même pas aux Bretons de porter leurs plaintes au roi : ils étaient donc en droit de tenir pour rompu le traité qui les unissait à la France, de reprendre leur indépendance comme avant le mariage de la duchesse Anne en 1491, de repousser la force par la force et de s'allier dans ce but à qui leur plairait.

Mais à côté du droit, il y avait le fait; depuis près de deux siècles les Bretons étaient Français, et parmi les meilleurs patriotes bretons, beaucoup ne pouvaient admettre l'idée de s'allier à l'étranger contre la France, sous quelque prétexte que ce fût.

Le but unique de l'Association était d'agir légalement dans les États, d'assurer la liberté de cette assemblée, et non point de prendre les armes. Aussi les associés, bien qu'engagés d'honneur par leur signature, avaient-ils parfaitement le droit de ne pas entrer dans les rangs de l'insurrection.

Ainsi le pensait, l'écrivait à ce moment même un gentilhomme breton, Jacquelot du Boisrouvrai, dévoué partisan de la constitution bretonne, exilé par Montesquiou pour sa participation active à toutes ces affaires : « Le « traité avec Albéroni (dit-il dans ses Mé- « moires) était absolument étranger à l'Asso- « ciation... Entre l'Association et l'affaire « d'Espagne, il n'y a aucun rapport. »

Il ne faut donc pas s'étonner si la majorité des associés resta en dehors de « l'affaire d'Espagne; » deux cents à peine prirent part à la *conjuration* (donnons-lui ce nom désormais) : c'était bien peu pour une telle entreprise. La lenteur, l'insuffisance, les contre-temps du secours espagnol achevèrent — nous le verrons — de tout perdre.

CONFÉRENCE XIII

(1ᵉʳ mars 1894).

La résistance de la Bretagne au despotisme du régent et aux violences du maréchal de Montesquiou comprend trois phases bien distinctes :

La lutte régulière et légale dans l'assemblée des États en 1717 et 1718 ;

La formation de l'Association patriotique bretonne, en vue de défendre légalement dans les prochains États les libertés de la province ;

Enfin la conjuration qui, sous l'influence de M. de Lambilly, fit appel à l'étranger.

Cette dernière phase — altération profonde du but et de la nature de l'Association — avait été inaugurée par ses chefs sans qu'ils se fussent mis en peine de consulter la masse des associés ; aussi pour la plupart ceux-ci refusèrent-ils de les suivre sur ce nouveau terrain. Chose singulière, l'éventualité pourtant fort naturelle de cette défection ne semble pas avoir été prévue par les chefs, qui continuèrent à parler et à agir comme s'ils étaient assurés du concours de tous leurs adhérents primitifs. Et cependant les trois quarts environ se séparant d'eux, leur nombre tomba à deux cents personnes au plus, parmi lesquels encore beaucoup n'acceptaient qu'à regret l'alliance espagnole.

Dans de semblables conditions, l'échec n'était guère douteux : il importe de faire connaître ceux qui en portent la responsabilité.

Les chefs principaux étaient Talhouët de Bonamour, Lambilly, Couëssin de la Berraie, Pontcallec, Rohan-Pouldu. Les trois premiers — les hommes politiques de l'Association — formaient une sorte de triumvirat directeur, on les nommait volontiers « les trois présidents; » les deux autres, considérés plutôt comme hommes d'action, sont souvent appelés « les généraux. »

Bonamour, médiocre fortune, intelligence hors ligne, ne s'était résigné à l'alliance espagnole qu'après avoir vu rejeter sa proposition du refus de l'impôt. — Lambilly représentait le Parlement : riche et obstiné, c'est lui qui, avec Hervieu de Mellac, son agent besoigneux, jeta l'Association dans les bras de l'Espagne. — La Berraie, rôle plus effacé, suivait habituellement Bonamour. — Rohan, comte du Pouldu, bien moins riche que les autres branches de sa famille, n'en possédait pas moins deux beaux domaines, le Pouldu en Saint-Jean-Brevelei, Kerpoisson en Saint-André des Eaux, qui, joints à son nom, lui donnaient une notable influence dans les pays de Guérande et de Vannes. — De Pontcallec nous avons déjà parlé (ci-dessus p. 181-182).

Ces gentilshommes, pour la sûreté de leur correspondance, avaient pris des noms de guerre : Bonamour était devenu *Champagne*, Lambilly *Maître Pierre* ou *le Boursier*, la Berraie *Clinqualier*, Pontcallec *Fortier* ou *Forestier*, etc...

RÉSISTANCE AUX LETTRES DE CACHET

(Août-septembre 1719)

La seconde moitié du mois d'août fut encore très agitée dans le pays de Guérande : les impôts n'étaient plus perçus, la noblesse du pays tenait de fréquentes réunions. Cet état de choses décida l'intendant à y envoyer, dans les premiers jours de septembre, jusqu'à neuf compagnies d'infanterie et huit de cavalerie, pour préparer la reprise de la perception de l'impôt.

Le 13 septembre, le maréchal de Montesquiou, qui était à Paris depuis plusieurs mois, rentra à Rennes : retour considéré comme le présage de nouvelles rigueurs. Les conjurés, prévenus de son départ de Paris, s'étaient réunis au château du Pouldu le 11 septembre, et avaient pris la résolution de résister ouvertement aux violences dont ils pourraient être l'objet.

A ce moment se produisit un évènement fatal pour la conjuration. L'intendant, malgré les espions qu'il entretenait, n'avait encore pu obtenir aucun renseignement précis sur le plan et les mouvements des conjurés; mais le subdélégué de Nantes, Gérard Mellier, parvint à surprendre tous leurs projets par suite de l'arrestation à Nantes d'un bourgeois de Guérande nommé Roger, initié aux secrets du parti. Sous l'influence de la peur ce Roger fit les aveux les plus complets (15 septembre 1719). Quelques jours après, une vingtaine de gentilshommes furent mandés à Rennes par le maréchal. Soupçonnant le motif de cette convocation, ils s'abstinrent presque tous de s'y rendre, et Montesquiou envoya des troupes pour s'emparer de leurs personnes.

Un détachement de dragons envahit (le 22 septembre) le château du Pouldu, où se trouvaient réunis une douzaine des principaux conjurés ; mais ils eurent le temps de s'enfuir et se refugièrent au château de Pontcallec.

RÉUNION DES CONJURÉS AU CHATEAU DE PONTCALLEC

(23 septembre 1719)

Ils y trouvèrent le marquis entouré d'une dizaine de ses voisins et amis, et là, du 23 au 28 septembre 1719, vingt à trente conjurés, la tête du parti, gardés par cent cinquante paysans vassaux de Pontcallec, armés de fourches et de fusils, tinrent une sorte d'assise, où ils exprimaient leurs sentiments en toute liberté, discutaient des plans de campagne, des projets plus ou moins réalisables, et s'excitaient à la résistance.

Ainsi, le 26 septembre, on proposa de convoquer pour le 6 octobre tous les membres de l'Association au Pas-aux-Biches, dans la forêt de la Nouée, afin de marcher de là sur Rennes et de contraindre le maréchal à retirer les lettres de cachet, — et ce projet impraticable fut adopté malgré l'opposition de Pontcallec.

Tous les soirs, les plus compromis des conjurés réunis au Pontcallec s'en allaient dans la forêt coucher sous la feuillée, les autres restaient au château, toujours sous la garde des paysans, pour éviter d'être surpris. Mais on n'entendait nullement engager la bataille avant l'arrivée des Espagnols.

Aussi, le 28 septembre, un détachement du régiment Royal de la Marine, fort d'une centaine d'hommes, s'étant présenté devant le château, y entra sans résistance ; à son approche, la petite garnison avait été congédiée, et les conjurés s'étaient dispersés. Pour Pontcallec, en particulier, commença à partir de ce moment, à travers les châteaux et manoirs du Vannetais, du Léon et de la Cornouaille, une vie nomade qui dura trois longs mois, jusqu'à son arrestation.

La réunion du Pas-aux-Biches eut lieu au jour convenu : au lieu de quinze cents adhérents qu'on s'était flatté de réunir, il en vint quinze ou seize. Bonamour voulut de nouveau donner au soulèvement une base populaire en excitant le peuple au refus de l'impôt : les préjugés des principaux conjurés contre la guerre de partisans firent repousser de nouveau son projet, et l'on préféra attendre dans l'inaction l'arrivée du secours espagnol.

LE SECOURS ESPAGNOL.

(30 octobre 1719)

Ce secours cependant ne paraissait pas, et les chefs de la conspiration commençaient à se décourager et à songer à la fuite ; M. de Lambilly lui-même se préparait à passer en Hollande, — lorsque, le 30 octobre, il apprit l'arrivée du premier navire de la flotte tant désirée.

Le roi Philippe V, sur les instances de Mellac, avait équipé une escadre de sept vaisseaux portant, avec un premier corps de troupes de 2,000 hommes, un subside de 60,000 pistoles. Cette escadre quitta Santander dans la deuxième moitié d'octobre, mais le premier vaisseau put seul doubler le cap de Santander ; les six autres, assaillis par un vent contraire, furent contraints de rentrer dans le port. Un seul bâtiment arriva donc en Bretagne ; il déchargea dans la presqu'île de Ruis les 60,000 pistoles, qui furent remises à M. de Lambilly avec des lettres annonçant l'arrivée très prochaine du duc d'Ormond, général espagnol, et du reste du secours ; puis il alla débarquer 300 hommes dans la rivière de Crac'h, sous le manoir de Kergurioné, habité par l'un des conjurés, M. Coué de Salarun.

Salarun attendait la venue imminente des autres navires, lorsqu'il apprit le lendemain l'établissement à Nantes d'un tribunal spécial, appelé *Chambre royale*, chargé de poursuivre les conjurés bretons. Il en conclut que tout le complot était découvert, et que chacun n'avait plus qu'à songer à son salut. Il fit aussitôt rembarquer les Espagnols et se rendit à Vannes, d'où il envoya annoncer à Montesquiou l'approche d'une flotte espagnole du côté de Quiberon ; puis, pendant que le régiment de Champagne se mettait en marche sur cette fausse indication, il fit prendre la mer aux principaux conjurés : Bonamour, Lambilly, Rohan-Pouldu, La Berraie, Talhouët-Boisorhant, Mellac [1], etc. Ceux-ci, après être restés pendant plusieurs jours en vue des côtes de Bretagne dans l'attente de la flotte espagnole, finirent par faire voile pour Santander.

C'est là seulement qu'ils connurent le motif

---

[1]. On a prétendu que M. de Pontcallec refusa de s'embarquer à ce moment, parce qu'on lui avait prédit qu'il périrait *par la mer*, prédiction qui se serait réalisée peu après, son bourreau (dit-on) s'appelant Lamer. Mais à ce moment Pontcallec ne pouvait s'embarquer, car il était fort loin de la côte.

de ce retard inexpliqué. Arrêtés dans leur
marche par des vents contraires, les six vaisseaux avaient déposé leurs troupes à terre, et
lorsque, quelques jours après, on voulut les
rembarquer, elles s'y refusèrent formellement, à l'instigation d'un maréchal de camp,
pratiqué (très vraisemblablement) par le régent Philippe d'Orléans. Les conjurés eux-
mêmes, après leur arrivée à Santander, ne
purent réussir à déterminer le départ de cette
flotte si ardemment attendue.

Cependant le maréchal de Montesquiou
partit hâtivement de Rennes pour Vannes le
1er novembre, escorté de quelques gardes seulement. Montlouis, l'un des lieutenants de
Pontcallec, informé de son départ, conçut le
projet de s'emparer de sa personne, de le
garder comme otage et d'exiger du régent une
amnistie générale ; mais un gros détachement
de dragons ayant rejoint en route le maréchal,
il ne fut plus possible de songer à l'attaquer.

Montesquiou arriva à Vannes le 2 novembre
au soir; le lendemain, il fit quelques arrestations et garnit la côte de troupes pour s'opposer à un débarquement espagnol. Les conjurés n'avaient pas encore, en effet, perdu
tout espoir de ce côté; l'or de Philippe V leur
avait permis de former un certain nombre de
bandes de partisans sous les ordres des lieu-

tenants de Pontcallec, entre autres, de MM. de
Montlouis, du Couëdic et Le Moyne de Talhouët.

Dans le courant de novembre 1719, Pontcallec projeta de réunir ces bandes, d'entraîner
les populations à leur suite et de s'emparer de
Lorient pour favoriser la descente des Espagnols. Mais les troupes du maréchal étaient
désormais trop nombreuses pour qu'un tel
coup de main eût chance de réussir, — et l'on
apprit peu après que les troupes de Philippe V
avaient de norveau refusé de reprendre la
mer. Il n'y avait, dès lors, plus rien à faire;
les bandes furent licenciées; la plupart des
chefs cherchèrent leur salut dans la fuite et
passèrent à l'étranger.

ARRESTATION DE PONTCALLEC.

(28 décembre 1719)

Pendant ce temps, la Chambre royale chargée des poursuites cherchait vainement des
preuves contre les conjurés; elle ne tenait
dans sa geôle que des agents subalternes,
aucun des chefs n'était encore tombé sous sa
griffe. Les troupes employées par le maréchal pour opérer les arrestations s'indi-
gnaient de servir à pareille besogne, et

leurs officiers prévenaient de leur approche ceux qu'ils avaient mission de capturer.

La Chambre royale expédia alors dans l'évêché de Vannes un policier sûr, inaccessible à de semblables répugnances, M. de Mianne, lieutenant du château de Nantes et, comme tel, geôlier des accusés qui y étaient détenus, sur lesquels il réalisait même de scandaleux bénéfices, — gardant pour lui plus de la moitié des frais de nourriture des prisonniers et prélevant en outre les deux tiers de toutes les dépenses extraordinaires qu'ils étaient obligés de faire pour leur subsistance.

Poursuivi par un pareil limier, Pontcallec fut réduit à se déguiser en paysan et à fuir au jour le jour. Enfin, se voyant serré de trop près, il se décida à faire appel à l'amitié qui l'avait longtemps uni à de Mianne, et lui fit connaître sa retraite : il était alors chez le recteur de Lignol, non loin de son château. De Mianne lui fit les plus belles promesses, et Pontcallec se laissa arrêter sans résistance le 28 décembre 4719 (Mémoires de Jacquelot du Boisrouvrai).

Une fois maître de sa personne, l'ami renégat lui persuada de faire des aveux complets, assurant que plus il y aurait de gens compromis dans l'affaire, plus il serait facile d'obtenir une amnistie générale. Il fit tenir le même langage aux autres conjurés et les décida ainsi, traîtreusement, à se livrer à lui. Le Moyne de Talhouët, du Couëdic, Montlouis et plusieurs autres se constituèrent prisonniers dans les premiers jours de janvier 1720, et sur les mensongères assurances de De Mianne, pour obtenir la clémence du régent ils firent des aveux complets.

L'ÉCHAFAUD DU BOUFFAI.

(26 mars 1720)

Tout le monde connaît le jugement de la Chambre royale. Plusieurs de ses membres répugnaient à prononcer la peine capitale contre les accusés ; mais ils n'étaient que les valets du pouvoir : sur son ordre, ils firent tomber quatre têtes. Pontcallec, Le Moyne de Talhouët, Montlouis et du Couëdic furent décapités à Nantes, sur la place du Bouffai, le 26 mars 1720, à six heures du soir. A la suite de cette quadruple exécution, le régent accorda une amnistie générale, dont furent exclus néanmoins les contumaces et même sept détenus du château de Nantes, qui restèrent un an ou deux dans des prisons d'État.

Cette implacable et sanglante répression

d'une entreprise dans laquelle il n'avait été
tiré pas un coup de fusil est un crime de lèsc-
humanité; l'historien doit rechercher à qui en
incombe la responsabilité. Le régent n'était
pas cruel de nature, mais nous, nous savons
(par les Mémoires de Jacquelot) « qu'il n'ap-
« pela à son conseil pour traiter cette affaire
« que MM. d'Argenson, l'abbé Dubois et
« Law. » Les deux premiers étaient certainement dans la catégorie des gens de cour ven-
dus, selon Saint-Simon, à Montaran. Montaran
avait un intérêt capital à ce que les revendications de la Bretagne fussent étouffées dans
le sang. La conclusion se tire d'elle-même.

Un seul témoin oculaire, mais irrécusable,
le confesseur de Le Moyne de Talhouët, nous
a laissé un récit du supplice du 26 mars 1720.
Ce récit montre les quatre gentilshommes
mourant avec une résignation, une piété et
un courage admirables; les détails précis de
cette relation réfutent nettement les calom-
nies des suppôts de la Chambre royale, qui
ont prêté à Pontcallec une autre attitude.

La meilleure oraison funèbre de ces quatre
victimes, ce sont les lettres si touchantes, si
généreuses, de la veuve de M. Le Moyne de
Talhouët au confesseur de son mari : quand
on les a lues, on ne peut s'empêcher de pen-

ser et de dire qu'une cause qui se gagne de
tels cœurs ne peut être qu'une noble cause.

CHUTE DE MONTESQUIOU ET REVANCHE
DES BRETONS.

M. de Carné a jugé sévèrement la lutte
dont nous venons de tracer l'histoire; il est
allé jusqu'à dire qu'elle « fit un tort immense
« à la cause des libertés provinciales, et in-
« terrompit la vie politique en Bretagne pen-
« dant plus de quinze ans [1]. »

C'est là justement le contraire du vrai.

Avant la fin de l'année 1720, toutes les
revendications si énergiquement soutenues
par les Bretons obtinrent satisfaction.

En juillet, d'Argenson tomba du ministère,
et Montesquiou fut remplacé dans le commandement de la Bretagne par le modéré et con-
ciliant maréchal d'Estrées.

Aux États d'Ancenis (tenus du 17 septembre
au 22 octobre 1720), Montaran fut obligé de
donner sa démission de trésorier et de rendre
un compte rigoureux de ses agiotages; — le
droit des *entrées* fut supprimé; — l'impôt de
la capitation réduit de 400,000 livres; —

---

1. Carné, *Les États de Bretagne,* II, p. 72.

l'intérêt des dettes de la province ramené de 5 et même de 7 pour cent à 2 pour cent.

Loin de renoncer à « la vie politique, » les États d'A..cenis protestèrent énergiquement contre la confiscation des biens des conjurés comme contraire aux privilèges de la province, et quelques mois après ces biens furent rendus.

Puis en 1726 nous voyons les États engager résolument une lutte énergique et persistante pour obtenir le rétablissement des bureaux diocésains, supprimés depuis 1717, mais rétablis en 1730 et complétés en 1734 par cette grande institution de la *Commission intermédiaire,* qui mit sous la direction des États tout ce qu'il y avait d'important et de vital dans l'administration de la province. — Voilà comme la vie politique fut interrompue!

Ce qui est vrai, c'est que Montesquiou, Montaran et d'Argenson avaient comploté de *changer* le gouvernement de la Bretagne, c'est-à-dire, de supprimer les États, le vote de l'impôt, les libertés du traité d'union.

Malgré les fautes qu'on lui peut reprocher, l'énergique résistance opposée à ce complot par les Bretons le fit échouer et sauva, une fois encore, la liberté et l'existence nationale de la Bretagne.

Voilà la vérité.

CONFÉRENCE XIV

(8 mars 1894).

L'Administration du duc d'Aiguillon
(1733-1765).

A la lutte de 1717-1720 succéda en Bretagne une période de paix d'une trentaine d'années. C'est pendant cette accalmie, en 1734, que fut créée la *Commission intermédiaire* des États, qui attira à elle la plupart des services administratifs de la province. Mais les gaspillages financiers de la Régence et la guerre de Sept-Ans avaient mis à sec le trésor royal et rendu nécessaire la création de nouveaux impôts. Sous Louis XIV on avait établi le *dixième*, addition de 2 sols par livre au principal des contributions; sous Louis XV on édicta le *vingtième*, puis l'impôt *de deux sous pour livre*, qui était exactement la même chose que le dixième.

Ces taxes, un instant allégées après la guerre de la Succession de l'Empire (1741-1748), furent bientôt rétablies; en 1749,

le roi fit enregistrer par le Parlement de
Bretague un impôt du vingtième qui fut levé
sans attendre la tenue des États. Ceux-ci
protestèrent énergiquement en 1730 et en
1752. On répondit à leurs plaintes par des
lettres de cachet et des ordres d'exil, et le
commandant de la province, décrédité par
ces violences mêmes, fut rappelé et eut pour
successeur le duc d'Aiguillon, nommé au
commandement de la Bretagne le 20 avril
1753.

LA POLITIQUE DU DUC D'AIGUILLON.

Le duc de Chaulnes, le maréchal de Montesquiou, le duc d'Aiguillon [1], voilà la trinité
malfaisante, les trois plus odieux champions
du despotisme dans sa guerre contre les libertés bretonnes. Chaulnes, selon Saint-Simon, était un bœuf — enragé; Montesquiou,
un sanglier brutal; d'Aiguillon, un méchant
renard. Esprit despotique et ambitieux, fin
et sceptique, il méprisait profondément les
Bretons, qu'il tenait pour des espèces de
sauvages encroûtés dans leurs préjugés pa-

1. Emmanuel-Armand de Wignerod du Plessis-
Richelieu, duc d'Aiguillon, né en 1720.

triotiques et religieux; il se faisait fort de dompter leur résistance par son habileté retorte, en suscitant des conflits entre les trois ordres de la nation. Au début toutefois, on peut le croire, il désirait sincèrement le bien de la province, pour la popularité, la gloire qu'il comptait en retirer.

Sa politique se trouve résumée dans le Mémoire apologétique de son administration[1]. Il avait la prétention « d'éclairer les esprits « peu instruits, de contenir les esprits auda- « cieux…., de gagner les voix sans même « être soupçonné de les acheter…, de faire « agréer des propositions suspectes de leur « nature…, de diriger toutes les délibérations « sans y être présent et sans gêner la liberté « des suffrages. » En un mot, il se flattait de mener les États de Bretagne sans qu'ils s'en doutassent.

Il reconnaissait son impuissance vis-à-vis de la noblesse « sans ambition et sans be- « soins, acceptant aveuglément l'influence des « cinq ou six *tuteurs* (c'est-à-dire des chefs) « qu'elle s'était donnés, et obéissant au parti « du *bastion*[2]; » mais il comptait sur les

____

1. Par Linguet, p. 2, 3.

.2. Depuis que la noblesse venait en grand nombre aux États, la plupart des gentilshommes n'assistaient

deux autres ordres, « plus faibles par le
« nombre de leurs membres, par le besoin
« qu'ils ont sans cesse du pouvoir, » et se
targuait de les intimider dans le scrutin
public [1]. Malheureusement pour lui, l'unanimité des trois ordres était nécessaire en
matière d'impôts, et cette règle fondamen-
tale, établie dans le principe pour la protec-
tion du tiers-état, devint aux mains de la
noblesse une arme redoutable dans la lutte
contre le despotisme.

Le tiers était trop directement intéressé aux
questions d'impôts pour n'être pas tenté de
s'unir sur ce point à la noblesse, mais sa dé-
pendance vis-à-vis du pouvoir étouffait promptement ses velléités de résistance, d'autant

qu'aux premières séances et se hâtaient ensuite, soit
de retourner chez eux, soit d'aller de manoir en manoir rendre visite à leurs amis. Les membres des
Commissions restaient presque seuls à leur poste et
convoquaient au besoin les absents; comme ils re-
présentaient ainsi les intérêts de l'ordre tout entier,
on les appelait le *bastion*. Sous l'administration du
duc d'Aiguillon, ce mot reçut une signification spéciale : il devint synonyme d'*opposition*, et l'on
distingua les *bastionnaires* et les *antibastion-
naires*.

1. Voir Carné, *Les États de Bretagne*, II,
p. 119-121.

plus que le commandant s'attachait à le gagner par ses procédés mielleux.

LES ÉTATS DE BRETAGNE DE 1754 A 1758.

Les débuts de l'administration du duc d'Aiguillon furent d'heureux augure. Il fit rentrer
en Bretagne une douzaine de gentilshommes
exilés par son prédécesseur, et lors des États
de Rennes de 1754, il présida à l'inauguration
de la statue de Louis XV sur la façade de
l'Hôtel-de-Ville, statue érigée par les États
en souvenir de la guérison du roi dix années
auparavant. Cette fête, célébrée le 10 novembre 1754, eut tous les caractères d'une
manifestation nationale; le roi en cette circonstance fit remise à la province de 200,000
livres sur la capitation, donna à l'Église la
disposition de deux abbayes, plusieurs bre-
vets d'officiers à la noblesse, trois lettres de
noblesse au tiers : d'Aiguillon s'attribua le
mérite de toutes ces concessions.

Les États de 1756 virent commencer la
lutte. Le roi réclama un second vingtième,
et cette demande souleva une vive opposition; chaque jour, les discussions se prolon-
geaient tellement que l'évêque de Rennes
(président), pour en finir, dans une des

séances, s'évada subrepticement par une fenêtre à une heure du matin.

Le Parlement encourageait la résistance des États. Pour empêcher une « réunion extraor- « dinaire » de cette cour, où elle voulait manifester ses sympathies, le du d'Aiguillon fit arrêter dans la nuit du 9 au 10 janvier 1757 deux des conseillers les plus influents; puis, quand une députation des États alla demander leur élargissement, il se dit impudemment étranger à leur arrestation : une lettre de lui, récemment publiée par M. Barthélemy Pocquet, prouve qu'elle lui était uniquement due.

Pour obtenir le vote du second vingtième, d'Aiguillon tenait un moyen en réserve. Longtemps, en Bretagne, la perception de l'impôt s'était faite par le moyen de l'*abonnement* : la province s'engageait à servir annuellement au roi le rapport approximatif de l'impôt, qu'elle faisait percevoir par ses propres agents; depuis une dizaine d'années, au contraire, le pouvoir royal en opérait lui-même le recouvrement, surchargé de mille vexations inutiles. Le commandant, en échange du second vingtième, promit aux États de rétablir l'abonnement auquel ils tenaient beaucoup, et il obtint ainsi le vote qu'il sollicitait; il réduisit même de 200,000 livres le chiffre de l'abonnement de chaque dixième. — C'est aussi dans cette session qu'il commença, d'accord avec les États, ses travaux sur les chemins, d'où devaient sortir les fameuses *routes d'Aiguillon*.

La victoire de Saint-Cast, remportée sur les Anglais le 11 septembre 1758, lui acquit une grande popularité; les États de cette même année le comblèrent d'éloges, et aucune nouvelle demande d'impôt n'y fut présentée.

ÉTATS DE 1760 ET DE 1762.

A la session de Nantes de 1760, le roi demanda un troisième vingtième; le tiers y consentit à regret, le clergé ajourna sa décision, la noblesse indignée refusa en bloc tous les impôts malgré les instances de son président, le duc de Rohan, ami de la cour. C'est à cette session que le rôle des *tuteurs* dirigeant l'opposition commença à prendre de l'importance; les principaux étaient MM. de Bégasson, des Nétumières, et surtout de Coëtanscours et de Kerguézec. Ce dernier, gentilhomme sans fortune, sans grande éloquence, sut, par l'élévation de son esprit et l'intégrité de son caractère, par la largeur de ses vues et l'étendue de ses connaissances, s'imposer à la confiance de son ordre, au point d'en être élu président en l'absence des barons, aux États de 1762.

Dans ceux de 1760, le duc d'Aiguillon laissa d'abord fort habilement la noblesse s'aliéner les deux autres ordres par ses éclats et ses excès; puis il promit d'obtenir pour le troisième vingtième un chiffre d'abonnement inférieur d'un tiers à celui des deux premiers, — menaçant, au contraire, en cas de refus, de supprimer tous les abonnements. Il obtint ainsi le vote demandé.

En 1761, l'étoile du commandant commença à pâlir, à la suite de la prise de Belle-Isle par les Anglais (22 avril). Presqu'en même temps son futur antagoniste, M. de la Chalotais, procureur général, lisait devant le Parlement ses célèbres Comptes-rendus sur les Constitutions des Jésuites (décembre 1761 et mai 1762), qui lui donnèrent une réputation européenne.

Les États de 1762 votèrent d'abord à l'unanimité, en raison de la guerre que soutenait alors la France, un don gratuit de 3 millions et un vaisseau de cent canons, mais la lutte ne tarda pas à reprendre à l'occasion des impôts.

En effet, chaque vingtième était flanqué d'*un sol pour livre* de ce vingtième. En rachetant le principal, c'est-à-dire le vingtième, au moyen de l'abonnement, les États avaient nécessairement racheté aussi l'accessoire, c'est-à-dire le sol pour livre : la cour voulait néanmoins exiger ce sol pour livre. Les trois ordres s'élevèrent avec indignation contre cette prétention. On répandit dans la salle un libelle où le duc d'Aiguillon était fort malmené, et qui fut dénoncé au procureur général La Chalotais; mais le Parlement refusa de poursuivre, et d'Aiguillon dissimula sa colère. Il affecta même de renoncer en principe au sol pour livre, et réclama en échange un *secours extraordinaire* de 460,000 livres, pour les frais de la guerre. Le clergé et le tiers cédèrent, non la noblesse. Passant alors de la ruse à la violence, il se fit envoyer par le roi un ordre direct, portant que le vote des impôts serait désormais acquis par la simple majorité de deux ordres (12 octobre 1762). Il fit aussitôt enregistrer cet ordre, et déclara le secours extraordinaire dûment voté par les États. Les trois ordres protestèrent contre cette violation flagrante de la constitution bretonne, et la session s'acheva dans un orage.

ÉVÈNEMENTS DE 1763 ET 1764.

En 1763, le duc d'Aiguillon poussa très vivement le travail de réfection des chemins.

On a dit qu'avant lui il existait en Bretagne une seule route carrossable, celle de Rennes à Brest, encore même « à peu près impraticable. » On est allé jusqu'à avancer qu'entre l'époque des voies romaines et celle des routes d'Aiguillon, on n'ouvrit pas en Bretagne un seul nouveau chemin. Il faut pourtant bien reconnaître que le moyen-âge trouva le moyen de mettre en communication les châteaux et les villes qu'il créa. D'autre part, depuis 1671 tout au moins, les États de Bretagne s'étaient constamment occupés des routes, ce qui permit à l'intendant Noiatel de dire à la fin du xvii° siècle que « la « Bretagne était la province du royaume qui « avait les plus beaux chemins. » Enfin les États de 1712 avaient fait de nouveaux règlements que d'Aiguillon se borna à compléter.

Que ce duc ait fort amélioré la viabilité de la province, cela est incontestable; mais il voulut faire exécuter trop rapidement cette vaste entreprise; en entamant à la fois 800 lieues de routes, il surchargea les paysans de taxes, de vexations, de corvées exorbitantes.

Pendant que d'Aiguillon était occupé à ces travaux, La Chalotais obtint du roi, en novembre 1763, de transmettre à son fils, M. de Caradeuc, sa charge de procureur

général, tout en continuant de l'exercer con-
curremment avec lui. Cette faveur, accordée
contre le gré du ministre Saint - Florentin et
de son neveu d'Aiguillon, excita les ressenti-
ments de ce dernier contre La Chalotais.

Les 12 janvier et 1er février 1764, le Parlement adressa au roi des remontrances sur
les abus commis dans la construction des
routes de Bretagne et sur l'inexécution du
règlement arrêté à ce sujet par les États en
1757. Le commandant, très vexé de ces remontrances, en exprima son mécontentement sous
une forme si vive, qu'il fut obligé, peu de
jours après, de présenter des excuses au Parlement.

Quelques mois auparavant (le 21 novembre
1763), le contrôleur général Laverdy avait créé
deux nouveaux sous pour livre qui frappaient
tous les impôts existants : après de longues hési-
tations, le ministère se décida à demander
l'enregistrement de cette taxe au Parlement
de Bretagne sans attendre la session des États.
Le Parlement l'enregistra, le 5 juin 1764,
« sans néanmoins préjudicier, disait-il, aux
« droits, franchises et libertés de la province ; »
il demanda en même temps le retrait de
l'ordre royal du 12 octobre 1762 qui avait
supprimé la nécessité de l'accord des trois
ordres pour le vote de l'impôt, et il formula

de nouvelles plaintes au sujet des chemins.

D'Aiguillon, furieux de ces plaintes, trouva le moyen de faire mander, dès le 22 juin, une députation du Parlement devant le roi, qui la reçut à Compiègne le 9 juillet, la rabroua sévèrement et défendit aux magistrats de s'occuper des routes. Huit jours après (16 juillet 1764), le Parlement interdit à tous ses membres de communiquer avec d'Aiguillon, et le mois suivant, une nouvelle députation de cette cour s'étant présentée à Versailles reçut du roi un accueil beaucoup plus favorable (31 août 1764). C'est que l'ouverture des États de la province approchait, et l'on redoutait une entente de cette assemblée avec le Parlement contre les 2 sols pour livre.

ÉTATS DE 1764. — DÉMISSION DU PARLEMENT DE BRETAGNE (22 mai 1765).

Les États s'ouvrirent à Nantes le 1er octobre 1764. Dès la première séance, d'Aiguillon annonça le retrait de l'ordre royal du 12 octobre 1762 qui avait supprimé la nécessité de l'accord des trois ordres pour le vote de l'impôt. Mais comme on apprit que les 2 sols pour livre étaient levés dans la province depuis quatre mois sans le consentement des États, l'indignation fut au comble, et les trois ordres, unanimes cette fois, formèrent contre cette levée, par acte du 15 octobre 1764, une opposition devant le Parlement, qui le lendemain (16 octobre) prit un arrêté défendant aux agents du fisc, sous peine de concussion, de lever les 2 sols pour livre, tant que l'opposition des États n'aurait pas été jugée au fond.

Un arrêt du Conseil du roi (du 20 octobre) cassa l'opposition des États de Bretagne, qui la renouvelèrent aussitôt. Un autre arrêt du Conseil (du 7 novembre) cassa celui du Parlement en date du 16 octobre. Dans un arrêté du 4 décembre 1764, le Parlement maintint son arrêt du 16 octobre, renvoya au roi par la poste les lettres patentes qui ordonnaient l'enregistrement de l'arrêt du Conseil, et cessant son service ordinaire, il resta, comme dans les grandes crises, en délibération générale, toutes chambres assemblées.

Le 28 décembre, un nouvel arrêt du Conseil ordonna la levée des deux sous pour livre; il fut affiché à Rennes et arraché aussitôt sur l'ordre du Parlement. Le 17 janvier 1765, des lettres de jussion restèrent encore sans effet, et le 28, une députation solennelle fut désignée pour porter au roi des remontrances.

Le 2 février, le roi manda à Versailles vingt-cinq membres du Parlement, puis quelques jours après, il manda le Parlement tout entier, et lui donna deux audiences, le 18 et le 20 mars, dans lesquelles les magistrats furent reçus avec la dernière sévérité et tancés comme des valets. Louis XV, après leur avoir dit que tout ce qui avait été fait l'avait été par son ordre, les renvoya sans délai à Rennes reprendre leur service.

Ces mauvais traitements de la part du roi ne sauraient se comprendre sans l'influence néfaste de Saint-Florentin et du duc d'Aiguillon. Celui-ci, bien convaincu que le Parlement ne céderait pas, avait résolu de le pousser à bout et de l'amener à se perdre par quelque éclat. Mais le Parlement ne sortit pas un instant de son calme et de sa dignité; le 20 avril, il prit un arrêté, chambres assemblées, dans lequel, après avoir exprimé la douleur que lui avaient causée les reproches du roi, il annonçait sa résolution de se démettre incessamment de ses pouvoirs : « Considérant, disait cet arrêté, que des magistrats « que Sa Majesté a traités aux yeux de toute « la France comme coupables de désobéis- « sance... ne peuvent plus porter avec dé- « cence le nom de magistrats..., la Cour a « arrêté que le roi sera supplié de trouver « bon qu'elle lui remette des pouvoirs dont « il la juge indigne et qu'il la rend par là

« même incapable d'exercer avec honneur. »

Cette démission en masse était une mesure grave, sans doute, et ouvrait pour le pays une crise périlleuse, mais le Parlement n'avait pas d'autre parti honorable à prendre : céder eût été consentir à la ruine des libertés de la province. La délibération générale et définitive dura deux jours (13 et 14 mai 1765); pendant ces deux journées les magistrats envisagèrent la situation, ses difficultés, ses périls, sous toutes ses faces, à l'exception d'une seule : leur intérêt personnel. Sans souci de la perte de leurs charges, sans souci de l'exil ou de l'emprisonnement, huit présidents et soixante-seize conseillers signèrent leur démission le 22 mai et l'envoyèrent au roi le lendemain.

La province entière les acclama et ils le méritaient : un sénat tout entier descendant volontairement de ses chaises curules pour sauvegarder l'honneur et la liberté, cela ne s'est jamais vu qu'en Bretagne !

CONFÉRENCE XV

(9 mars 1894).

L'Affaire La Chalotais.

(1765-1774)

Agitation a Rennes et en Bretagne.

(Juin à novembre 1765)

La démission générale du Parlement causa
dans toute la province une profonde agitation. A Rennes surtout, l'enthousiasme n'eut
pas de bornes; tous les gens de justice et
même les plaideurs allaient manifester devant
les hôtels des magistrats *démis*. Un président
et onze conseillers avaient seuls gardé leurs
charges; l'un de ceux-ci était le propre frère
du procureur général, M. de Caradeuc de
Keranroy, ardent partisan du duc d'Aiguillon, et qui s'occupait aussi de littérature.
Auteur de fastidieuses tragédies, il en envoya
un jour une à Voltaire, en le priant de lui en
dire son sentiment. Voltaire, voyant qu'on

avait imprimé au-dessous du dernier vers ces mots : *Fin]de la tragédie*, gratta la dernière lettre du mot *fin*, ce qui faisait : *Fi de la tragédie!* et renvoya le volume à l'auteur.

Le procureur-général et son fils, en leur qualité de *gens du roi*, n'avaient pas eu à démissionner ni même à délibérer sur ce sujet; ils avaient, au contraire, combattu la démission générale, tout en restant de cœur avec les démis.

Le ministère ayant interdit aux magistrats démissionnaires de quitter Rennes, leur présence y entretenait l'agitation, la foule prodiguant sans cesse aux *démis* les acclamations, aux *non-démis* des manifestations moins sympathiques. A la Fête-Dieu, par exemple, les dames de la Halle ne portèrent qu'aux démis leurs bouquets traditionnels de fleurs d'oranger, et les non-démis trouvèrent le matin des branches d'*if* attachées à leurs portes. Les lettres I et J ayant alors la même valeur, le mot IF pouvait aussi bien se lire J F: les aiguillonistes traduisirent ces deux lettres par *Judex fidelis*, mais le peuple y lut une injure (*Jean foutre*) à l'adresse des non-démis. On grava même une curieuse estampe, où les noms des douze magistrats non-démis étaient encadrés dans une bordure chargée des lettres J F, et la division de ce Parlement-croupion en ses diverses chambres marquée par des médaillons ornés des mêmes lettres, autour desquelles courait la devise : *Nunc et in omni ævo.* Au-dessus de la liste des non-démis s'étalait un écusson portant un if : écusson sommé d'une couronne d'ifs, entouré d'un cordon composé de J F entrelacés, où pendait un médaillon lui-même chargé d'un if. Tout en haut, la devise : *Ne sedeas in umbrâ.*

Les auteurs présumés de cette estampe (M. de la Bellangerais et le graveur Olli-vault), activement recherchés à Rennes et à Paris, furent arrêtés dans la nuit du 19 au 20 juin et conduits à la Bastille, ainsi que la marquise de la Roche, propriétaire du château du Boschet, à laquelle on reprochait d'avoir propagé cette pièce satirique.

Le premier président, M. d'Amilly, démissionnaire en principe sans l'être de fait, écrivit à Saint-Florentin pour le presser de réorganiser le service judiciaire en Bretagne ; la réponse fut « que le roi partait pour la chasse « et ne s'occuperait des affaires de Bretagne « qu'au retour d'un voyage de Saint-Hubert. » Sur nouvelle instance de d'Amilly, le ministre écrivit le 7 juin que « le roi *commençait* à « s'occuper des affaires du Parlement de Bre-« tagne. » Cette lettre maladroite fut parodiée en couplets fort spirituels par l'abbé de Boisbily, chanoine de Quimper, qui de ce chef fut jeté à la Bastille, puis en exil à Clermont.

Les chansons, les épigrammes pleuvaient, et aussi les billets anonymes. Saint-Florentin reçut, entre autres, une lettre dans laquelle les non-démis étaient traités de *traîtres* et de *coquins*, et où l'on ajoutait : « *Il* « *est cependant temps de rendre justice, ou* « *tout iroit mal, au grand malheur de quel-* « *qu'un.* » L'auteur de cette lettre fut découvert; c'était un pauvre diable fort obscur, appelé Bouquerel, natif de Normandie, mais demeurant à Rennes chez son frère, commerçant en cette ville. Il fut déféré à la chambre de la Tournelle du Parlement de Paris, sous prétexte que le fait incriminé (l'envoi de la lettre au ministre) s'était passé dans le ressort de ce Parlement, et on joignit à la procédure les chansons séditieuses et l'estampe des Ifs.

ARRESTATION DE LA CHALOTAIS.

(10 novembre 1765)

Le duc d'Aiguillon, à son retour de Bagnères où sa santé l'avait contraint de passer l'été de 1765, se rendit à son château de Véretz, près Tours, d'où il arrêta, de concert avec

Saint-Florentin, un plan de campagne contre le Parlement de Rennes. Le 6 novembre, tous ses membres, démis ou non démis, reçurent une lettre du roi leur enjoignant de se rendre au Palais le 12 de ce mois, jour habituel de la rentrée, pour y prendre connaissance des ordres du souverain; puis, sous prétexte de la mauvaise influence que La Chalotais et quelques autres magistrats auraient pu exercer sur leurs collègues, d'Aiguillon obtint du roi de faire arrêter auparavant les deux procureurs-généraux et trois conseillers, MM. Piquet de Montreuil, Charette de la Gâcherie et Charette de la Colinière, auxquels on joignit quelque temps après M. de Kersalaün [1].

Ces arrestations eurent lieu dans la nuit du 10 au 11 novembre 1765; les prisonniers furent gardés à vue dans leurs appartements par des dragons, la baïonnette au fusil, et les scellés apposés sur leurs cabinets. La Chalotais, saisi dans son lit, réclama en vain copie des ordres en vertu desquels on l'arrêtait. Lui et son fils, expédiés en poste sous forte escorte à l'autre bout de la Bretagne, furent enfermés dans un îlot de la rade de Morlaix, au château du Taureau. Le gouverneur du château, M. Delord, les traita avec

1. Ce dernier ne fut arrêté qu'en février 1766.

une extrême dureté et les sépara l'un de l'autre au bout de quelques jours. On leur refusa de l'encre et du papier pour écrire au roi, au ministre ou à leur famille. M. de la Chalotais, dont la santé était fort altérée, n'avait qu'un lit de deux pieds et demi de largeur; son fils couchait sur un simple grabat. On les ramena à Rennes les 17 et 18 décembre pour assister à l'inventaire de leurs papiers enlevés par l'intendant, puis on les transféra, le 20 et le 21, au château de Saint-Malo.

Quant aux trois conseillers, emprisonnés d'abord au Mont Saint-Michel, puis ramenés à Rennes, on finit par les coffrer aussi au château de Saint-Malo, les 23, 24, 25 décembre 1765.

LE BAILLIAGE D'AIGUILLON.

(Janvier 1766)

Le Parlement, dans sa réunion du 12 novembre, reçut communication d'une lettre du roi rétablissant tous les magistrats dans leurs offices, sous la condition d'enregistrer cette lettre, qui confirmait tous les arrêts du Conseil repoussés par le Parlement. En d'autres termes, on leur demandait de nouveau de sanctionner la violation des droits de la pro-

vince. Tous les démis refusèrent énergiquement, et comme les douze Ifs ne suffisaient
pas pour faire un Parlement, Louis XV envoya
à Rennes une Commission ou Chambre royale
composée d'un conseiller d'État et douze maîtres des requêtes, pour expédier les affaires
jusqu'à la réorganisation de la Cour. Cette
Commission reçut même la connaissance du
procès intenté aux procureurs-généraux et
aux trois conseillers arrêtés, et de l'instruction entamée par la Tournelle de Paris.

Cependant, d'Aiguillon parvint à racoler
six conseillers qui étaient absents de Rennes
lors de la démission générale, puis un ou
deux des démis, et lorsqu'il eut ainsi ramassé
une vingtaine de magistrats, tant *non-démis*
que *rentrés*, il licencia la Commission de
maîtres des requêtes et installa son nouveau
Parlement à Rennes (9 janvier 1766). Il lui fit
même déférer le procès de La Chalotais, mais
les récusations forcées rendant le jugement
impossible, il fallut ressusciter la Chambre
royale des douze maîtres des requêtes, et
l'envoyer, comme Chambre criminelle, siéger
à Saint-Malo pour juger le procureur-général
et ses coaccusés (20 janvier 1766). Calonne,
naguère ami de La Chalotais, accepta d'être son
accusateur comme procureur-général de cette

Chambre, qui se mit de suite à la besogne et poussa très vivement la procédure.

Toutefois, les fonctions de ce tribunal durèrent peu. Étant parvenu à faire encore rentrer au Palais une dizaine des *démis,* ce qui porta à une trentaine le chiffre du nouveau Parlement, d'Aiguillon fit reporter devant lui le procès La Chalotais et donna congé définitif à la Chambre royale (14 et 17 février 1766). Mais personne en Bretagne ne prenait au sérieux ce Parlement-croupion, qu'on appelait par plaisanterie, à cause de son créateur, le *Bailliage d'Aiguillon.*

L'ACCUSATION CONTRE LA CHALOTAIS.

(Janvier (1766)

Les chefs d'accusation portés contre La Chalotais et les autres magistrats étaient multiples. On leur reprochait « d'avoir cherché à
« exciter en Bretagne une fermentation dange-
« reuse, d'avoir fait entre eux des assemblées
« illicites, formé des associations criminelles,
« entretenu des correspondances suspectes,
« diffamé par libelles les hommes les plus at-
« tachés au service du roi, répandu des écrits
« composés dans un esprit d'indépendance et

« tenu les discours les plus séditieux, envoyé
« enfin au roi des billets anonymes injurieux
« pour sa personne et attentatoires à la ma-
« jesté royale. » (Lettres patentes du 16 novembre 1765.)

La plupart de ces griefs, d'ailleurs très
vagues, ne pouvaient concerner le procureur-
général; aussi Calonne, son accusateur, n'en
formula contre lui que quatre, savoir :

1° *Association criminelle*, conclue, disait-on,
au château du Boschet entre M. de Kerguézec,
représentant la noblesse des États, et M. de la
Chalotais, représentant le Parlement, dans le
but de faire rejeter les subsides demandés par
le roi aux États de 1764 ;

2° *Injures* contre MM. de Saint-Florentin et
d'Aiguillon, dans des lettres intimes écrites
par La Chalotais à son fils, qui ne furent con-
nues que par la perquisition de l'intendant ;

3° *Vexations* soi-disant exercées par les procureurs généraux contre des particuliers dans
l'exercice de leur charge ;

4° *Billets anonymes* injurieux au roi.

La plupart des auteurs attribuent l'arrestation de La Chalotais à la part qu'il aurait prise
dans la démission en masse du Parlement.
Erreur complète. Loin de pousser à la démission, il en dissuada, au contraire, les magis-

trats de tout son pouvoir : les ministres le savaient fort bien.

La Chalotais réfuta facilement les trois premiers chefs d'accusation. Il prouva qu'il ne s'était trouvé nulle part avec M. de Kerguézec avant les États de 1764, et que son séjour au Boschet avait précédé de deux mois celui de son prétendu complice. — Les lettres intimes écrites à son fils ne pouvaient faire un grief sérieux, d'autant qu'on y trouvait fréquemment, sous diverses formes, cet axiome : « Rien pour d'Aiguillon et les ministres, mais *tout pour le roi.* » — Quant aux prétendues vexations, ce n'était que des cancans ridicules.

Restaient les deux billets anonymes adressés à Saint-Florentin ; ils étaient ainsi conçus et orthographiés :

1.

A Monsieur
Monsieur de sain florantin,
Ministre segretaire destat
en Cour.

Dis à ton Maitre que Malgré Lui nous chasserons Les 12 j. et toy ausi.

2.

*Tu es j. f. autant que les 12 j. f. Magis-
tras qui ont echapé à la deroulte generalle
raporte cecy à Louis pour qu'ils conunce
donc nos affaire et puis ecris en son non
Maies sans son sû belle epitres au 12 j. f.
Magistra.*

Les experts en écriture prétendirent reconnaître dans ces billets la main de La Chalotais : tout le monde sait combien leur
science est sujette à caution. Leur doctrine
était d'ailleurs singulière : moins ils trouvaient de ressemblance entre les billets et les
pièces de comparaison, plus ils étaient con-
vaincus de la culpabilité du procureur-général; c'était pour eux la preuve qu'il avait
contrefait son écriture, — mais (disaient-ils)
d'une façon dont lui seul était capable (!!!).
Le malheureux Bouquerel, l'auteur de la
première lettre anonyme, fut instamment sollicité de dire qu'il l'avait écrite sous la dictée
de La Chalotais; on le tourmenta tellement
qu'il en perdit la raison, au grand désappoin-
tement des aiguillonistes qui disaient : Il est
fou tout à fait; on n'en tirera rien, c'est

grand dommage![1] — Ce que l'on voulait,
c'était la tête de La Chalotais. « C'est un
« homme perdu, écrivait La Noué, un de ses
« adversaires les plus acharnés; sa tête sau-
« tera... Le *Chalot* recevra donc la récom-
« pense due à ses méfaits[2]. »

LA PROCÉDURE. — DÉNOUEMENT INATTENDU.

(22 décembre 1766)

Le duc d'Aiguillon avait trop préjugé de
son Parlement en espérant qu'il pourrait juger
son adversaire; les récusations indispensables
auraient réduit les juges à un nombre insuffi-
sant, et d'ailleurs, intimidés par les virulentes
boutades du prisonnier, ceux-ci tenaient peu
à connaître de sa cause.

La Chalotais, comme procureur-général,
avait droit à être jugé par un Parlement *complet*, toutes chambres assemblées. Déclinant
la compétence de celui de Rennes, notoi-
rement incomplet, il demandait le renvoi au

1. Voir *Correspondance du chevalier de
Fontette* (publiée par M. H. Carré). p. 175, 179,
189, 266.
2. *Ibid.*, p. 184, 195.

fond à celui de Bordeaux, et immédiatement l'évocation au Conseil d'État pour statuer sur son déclinatoire.

D'Aiguillon, qui tenait à le faire juger par son *Bailliage,* imagina un biais très malin, qu'on appela la *disjonction.* Laissant de côté les trois premiers chefs d'accusation, il obtint du roi des lettres-patentes (5 juillet 1766) portant devant le Parlement de Rennes le quatrième chef seulement, c'est-à-dire la question des billets anonymes, dans laquelle les récusations ne pouvaient se produire parce que l'accusation n'était pas portée nominativement contre le procureur-général, — et le Parlement reprit sur ce point l'instruction commencée à Saint-Malo par la Chambre royale, au mois de janvier précédent.

La Chalotais, ramené de Saint-Malo à Rennes le 31 juillet, fut enfermé au couvent des Cordeliers, baptisé en cette occurrence du nom de *fort Saint-François.* En face des objections et des défenses énergiques de l'accusé, le Bailliage d'Aiguillon en vint à douter lui-même de la légitimité de sa procédure (très irrégulière) et accepta l'évocation au Conseil d'État, laquelle, ayant été admise le 13 septembre, dessaisit le Parlement de Rennes. Mais le Conseil ne renvoya pas la cause au Parlement de Bordeaux; par arrêt du 22 novembre 1766, il la retint pour la juger lui-même, et à la même date La Chalotais fut transféré du fort Saint-François à la Bastille.

Le Conseil d'État, composé d'hommes d'une haute capacité, examina toute la procédure pour chercher des preuves sérieuses des quatre chefs d'accusation. On n'en put trouver une seule, et toute l'accusation s'effondra. L'acquittement des accusés s'imposait; mais c'eût été la condamnation de leurs tout-puissants adversaires, notamment de d'Aiguillon. Le roi prit donc le parti d'abolir d'un coup d'autorité toute la procédure, « ne voulant « pas Sa Majesté trouver de coupables. » (Déclaration du 22 décembre 1766.)

Puisqu'il n'y avait pas de coupables, personne ne devait être puni; cependant les magistrats accusés furent envoyés en exil sur différents points de la France, notamment, La Chalotais et son fils à Saintes, où ils restèrent par ordre du roi pendant plus de sept ans, c'est-à-dire jusqu'à la mort de Louis XV.

Ces malheureux, on le devine, n'acceptèrent point ce déni de justice; ils demandèrent à grands cris un jugement qu'on leur devait, une condamnation ou un acquittement formel. Ils ne furent pas écoutés.

CHUTE DE D'AIGUILLON ET TRIOMPHE
DU PARLEMENT.

(1768-1769)

Cependant la Bretagne entière, le Parlement de Rennes lui-même, réclamaient le rétablissement de tous les magistrats démis ou, comme on disait alors, *le rappel de l'universalité*. D'Aiguillon, dans les États de 1767, s'opposa avec violence à ce vœu unanime. Cette violence le perdit : l'année suivante (en août 1768), il fut contraint de donner sa démission de commandant de la province. Un an plus tard, en juillet 1769, le maréchal de Duras, son successeur, ramena en triomphe à Rennes, au milieu d'acclamations enthousiastes, *l'universalité* du Parlement.

La Chalotais profita de ce rappel pour demander de nouveau la reprise de son procès. Le roi s'y opposa : mais tout en les laissant en exil, il déclara que « l'honneur des procu-« reurs-généraux et des autres magistrats « accusés n'avait jamais été compromis, que « leur innocence n'avait jamais souffert la « moindre atteinte. »

Le Parlement de Bretagne, tournant la difficulté, commença une enquête contre l'administration du duc d'Aiguillon. Celui-ci étant pair de France, la cause fut évoquée devant le Parlement de Paris. Mais l'affaire prit bientôt une tournure telle que le roi interrompit la procédure, sous prétexte qu'en jugeant l'administration d'un commandant de province, on jugerait en même temps la sienne propre et celle de ses ministres. C'était s'en aviser un peu tard.

Le Parlement de Paris, toutefois, ne céda pas; il soutint très justement qu'une juridiction, une fois saisie d'une cause, n'en peut être dessaisie avant d'avoir rendu son jugement; il résista aux lettres de jussion, aux lits de justice, et tous les Parlements de France s'unirent résolument à cette résistance.

Louis XV frappa alors un grand coup : il appela au ministère le duc d'Aiguillon lui-même et Maupeou, son allié; en février 1774, tous les Parlements furent supprimés et remplacés par douze Grands-Conseils, qu'on appela ironiquement les *Parlements Maupeou*. Ils ne durèrent que trois ans. Dès le mois de juin 1774, le roi Louis XVI leva l'exil de La Chalotais, puis rétablit, le 12 novembre, les anciens Parlements, dont tous les membres reprirent possession de leurs sièges, à Rennes en particulier, au milieu de l'allégresse universelle.

CONCLUSION.

Un livre récent, contenant des documents fort curieux, professe que, dans cette grande lutte entre d'Aiguillon et La Chalotais, c'est le premier qui a été la victime, le second le persécuteur.

Assertion étrange, quand on songe que l'illustre procureur-général demeura en prison plus d'un an, en exil sept ans et demi, pour des crimes entièrement imaginaires, qu'on n'a jamais pu prouver ni juridiquement ni historiquement.

Non, quoi qu'on en dise, La Chalotais n'a pas combattu, n'a pas souffert pour défendre les privilèges aristocratiques que personne ne contestait encore à cette époque; il n'a pas été non plus la victime du ressentiment des Jésuites, qui ne furent pour rien dans son procès.

Mais il a lutté, il a souffert pour la cause des libertés bretonnes : la Bretagne doit l'honorer comme un des fermes champions de son indépendance et de sa nationalité.

CONFÉRENCE XVI

(15 mars 1894).

DESCENTES DES ANGLAIS EN BRETAGNE AU XVIIIe SIÈCLE

Sur la fin du XVIIe siecle, les Anglais avaient
tenté quelques entreprises contre les côtes de
Bretagne, entre autres à Camaret en 1694, à
Saint-Malo en 1693 et 1695. Ces attaques se
renouvelèrent au siècle suivant d'une façon
plus suivie et plus sérieuse.

La première que l'on puisse mentionner est
une descente faite par les Anglais, le 7 octobre
1744, sur la grève de Penmarch en la paroisse
de Cléder, à l'Est de Saint-Pol de Léon. L'ennemi, vertement reçu par les gentilshommes
et les milices du pays, fut contraint de se
rembarquer immédiatement, après avoir perdu
un petit nombre des siens. Rencontre peu
importante, très exagérée par la rumeur publique qui en fit une grande victoire : au
point qu'un Bénédictin de Saint-Malo en envoya à l'un de ses confrères du Mans un

récit[1], où la perte des Anglais est portée à 3,000 hommes tués et blessés (!!!).

Deux ans plus tard (en 1746), les Anglais dirigèrent contre Lorient une entreprise beaucoup plus grave.

ATTAQUE DES ANGLAIS CONTRE LORIENT

(30 septembre-7 octobre 1746.)

Au printemps de l'année 1746, les Anglais équipèrent une flotte pour attaquer la colonie

1. Cette relation manuscrite existe aux archives du département de la Sarthe; elle fut communiquée, en 1888, par M. l'archiviste de la Sarthe, au Congrès Breton de Saint-Pol de Léon et imprimée par la *Revue de Bretagne* dans sa livraison de décembre 1888, p. 443 à 452. On a voulu révoquer en doute cette descente des Anglais, sous prétexte qu'on ne trouve, sur les registres paroissiaux de Cléder, aucune mention des morts tués dans ce combat. Mais si (comme c'est très probable) il n'y eut dans ce petit combat aucun Breton tué, il n'y avait rien à en dire dans ces registres. — Les noms d'hommes et de lieux contenus dans la relation sont si précis et si exacts qu'ils n'ont pu être inventés et ont certainement été fournis par des informations venues du pays de Léon. Seulement l'hyperbole non plus n'est pas douteuse, et elle est énorme.

française du Canada ; cette flotte, n'ayant pu partir en temps utile, fut envoyée sur les côtes de France avec ordre d'y faire le plus de mal possible. Elle était commandée par l'amiral Richard Lestock et portait 4,500 hommes aux ordres du général Édouard Saint-Clair.

Les deux chefs résolurent de détruire les magasins et les navires de la Compagnie des Indes, et firent voile vers Lorient. Le 29 septembre au soir, ils mouillèrent dans l'anse du Pouldu, à trois lieues de cette ville. Le lendemain, 3,000 miliciens garde-côtes tentèrent de s'opposer au débarquement ; n'étant pas assez nombreux pour garnir les trois petites criques sur lesquelles la descente des Anglais était possible, ils laissèrent sans défense celle du milieu. Lestock dirigea alors ses transports vers l'anse de gauche puis virant de bord subitement, il les fit entrer dans celle du centre, et les ennemis prirent terre avant que les miliciens eussent pu y mettre obstacle.

Les troupes françaises se retirèrent aussitôt vers le Nord, par la route de Guidel. Le général Saint-Clair, ignorant que l'étang du Loch asséchait à marée basse et lui fournirait une heure plus tard le chemin le plus court vers Lorient, suivit les miliciens et arriva à Guidel dans la soirée. Le lendemain 1ᵉʳ octobre, continuant sa marche sur Lorient, il forma deux colonnes, dont l'une prit la route de Quimperlé à Lorient, et l'autre le chemin de Plœmeur. Ce dernier chemin, bordé de broussailles et de hauts talus, permit aux Français de harceler leurs ennemis, si bien que la colonne anglaise arriva tout en désordre devant le moulin des Montagnes et dans la lande de Lanveur, en vue de Lorient.

Le dimanche 2 octobre, Saint-Clair retourna à la flotte chercher son artillerie ; mais les paysans s'étant réfugiés dans l'intérieur du pays avec leurs chevaux et leurs bœufs, les Anglais durent se résigner à traîner leurs pièces à bras et brûlèrent chemin faisant quatorze villages.

Pour résister à cette attaque imprévue, la ville de Lorient, outre les 3,000 garde-côtes ci-dessus mentionnés, disposait seulement d'un corps de dragons d'environ 600 hommes, commandé par le colonel de L'Hôpital. Du côté de la mer, elle n'avait rien à craindre ; du côté de la terre, elle était protégée uniquement par un mur haut de trente pieds, sans fossés.

Les Lorientais crurent dans ces conditions la lutte impossible, et leurs députés allèrent pemander une capitulation (4 octobre), en réclamant pour les troupes les honneurs de la guerre, et en spécifiant que les personnes et les biens des habitants et de la Compagnie des Indes seraient respectés. Saint-Clair, qui avait ordre de faire à la Bretagne, spécialement à la Compagnie des Indes, le plus de mal possible, repoussa cette demande et annonça pour le lendemain l'attaque de la ville.

Cependant, les milices provinciales accouraient de toutes parts dans la place; le 5 octobre, il s'y trouvait déjà 12,000 hommes qui voulaient se ruer sur le camp anglais. Les officiers de la garnison s'opposèrent à cette sortie qui, avec des soldats aussi mal aguerris, n'aurait abouti qu'à un désastre; mais ils s'appliquèrent très activement à élever des redoutes, des ouvrages en terre, qu'ils garnirent de quatre-vingt-six canons de gros calibre.

Le 6 octobre, une batterie anglaise, composée de quatre canons de douze et d'un mortier, ouvrit le feu à 550 mètres de la place, distance trop considérable pour la portée des pièces. L'on comptait réduire la ville en cendres au moyen des *boulets rouges*; mais on avait oublié de débarquer d'abord le fourneau destiné à les rougir, ensuite le soufflet et les pinces; d'autre part, les munitions n'arrivaient pas régulièrement au camp *(Relation anglaise de David Hume)*. Finalement, le feu de cette batterie pendant deux jours ne causa dans Lorient d'autres dommages que : cinq hommes et une femme tués, une douzaine de blessés, deux maisons brûlées, deux autres percées par les boulets, une quinzaine légèrement endommagées. C'était trop peu assurément pour forcer la place à se rendre.

Les Anglais, de leur côté, perdirent vingt hommes seulement par le feu de la ville; mais les pluies et l'ivrognerie firent tant de malades et même de morts dans leurs rangs que, le 7 octobre, ils étaient réduits d'un tiers et ne comptaient plus que 3,000 combattants.

Ce même jour, il y avait dans Lorient 45,000 miliciens réclamant à grands cris une sortie en masse; partie d'entre eux marchèrent sur le camp ennemi, ils furent repoussés, ce qui ne fit que redoubler l'ardeur des autres. Les chefs militaires, persuadés que la confusion, l'indiscipline de ces bandes les mènerait à un massacre épouvantable, résistaient à leurs instances, et ils se décidèrent même à rendre la place sous la seule condition que les biens des habitants seraient respectés : se résignant à sacrifier la Compagnie des Indes.

Vers neuf heures du soir, une députation

ayant à sa tête M. de L'Hôpital se rendit au
camp anglais : elle ne trouva qu'un rang de
tentes vides sans la moindre sentinelle. Flai-
rant là un piège, une ruse de guerre, les
députés rentrèrent aussitôt en ville et firent
doubler tous les postes. La nuit se passa sans
incidents; le lendemain matin, l'on apprit
le départ des Anglais et leur rembarquement
au Pouldu. Ils levèrent l'ancre le 10 octobre,
débarquèrent de nouveau à Quiberon, et firent
voile vers l'Angleterre le 14.

Ce départ précipité des Anglais avait pour
causes la réduction de leur effectif par les maladies, l'inefficacité de leur tir, l'impossibilité
de renforcer leurs batteries de siège avec
l'artillerie de leur flotte, en raison du mauvais état des chemins et du défaut absolu d'at-
telages. — Le célèbre historien Hume, qui faisait partie de l'armée de Saint-Clair, explique
ainsi le départ des Anglais dans une relation
officielle, connue en France seulement depuis
quelques années. Avant qu'elle n'eût été publiée, les historiens de Lorient donnaient
pour cause au départ inopiné de Saint-Clair
le prétendu mais très fabuleux massacre de
900 Anglais par l'artillerie des remparts de
Lorient, ou l'intervention miraculeuse de la
Sainte Vierge, qui aurait répandu la panique
dans leur camp.

11*

Une circonstance fortuite contribua à propager cette dernière croyance : les habitants, pour remercier Dieu de leur délivrance, instituèrent une procession solennelle le 7 octobre, qui est aussi l'anniversaire de la bataille de Lépante, en souvenir de laquelle avait été instituée la fête de Notre-Dame de la Victoire. Cette coïncidence fit donner à la procession annuelle de Lorient le nom de *Procession de la Victoire*, et les Lorientais ne tardèrent pas à se convaincre qu'ils célébraient ce jour-là leur propre victoire sur les Anglais, procurée par un miracle de la Vierge.

Les faits ne s'accordent pas, malheureusement, avec cette pieuse croyance, encore répandue de nos jours.

Les contemporains, d'ailleurs, j'entends les Lorientais, ne songèrent nullement à chanter victoire, témoin une curieuse chanson de l'époque, dont voici les deux derniers couplets :

> Des deux côtés l'on craint le plus funeste sort ;
> Le soir venu, l'on fait un généreux effort.
>   Mais quand L'[...] sort
>   Portant les clés [...]
>   Par un divin [...],
>   Saint-Clair fui[...] son bord.

> François, et vous Anglois, réunissez vos vœux ;

Remerciez le ciel d'un secours merveilleux !
    Les cœurs trop généreux
    Font un carnage affreux :
    En vous rendant peureux,
    Il vous sauva tous deux.

DESCENTE DES ANGLAIS A CANCALE

(5-10 juin 1758.)

Le 4 juin 1758, le gardien du fort Royal, situé devant Saint-Malo, vint tout à coup prévenir le gouverneur, marquis de la Châtre, que les forts de la côte signalaient l'approche de l'ennemi. Le gouverneur était à table ; n'ajoutant pas foi à ces paroles, il voulait jeter en prison le malheureux gardien, lorsque le canon de tous les autres forts de la côte se fit entendre, annonçant l'arrivée d'une flotte anglaise de 115 voiles, commandée par l'amiral Howe, et portant une armée de 13,000 hommes, sous les ordres du duc de Marlborough.

Le débarquement s'effectua à Cancale (5 juin) sans que La Châtre pût s'y opposer. Marlborough établit aussitôt, en avant du bourg, un camp retranché pour protéger au besoin le rembarquement, puis s'avança jusqu'à Paramé où il établit ses troupes, dans le dessein de détruire les navires de commerce des ports de Saint-Malo et de Saint-Servan et même, s'il était possible, de s'emparer de Saint-Malo par un coup de main.

Le 7 juin au soir, il envoya 2 à 3,000 hommes à Saint-Servan, fit incendier des corderies, quelques maisons situées sur la digue, et 52 navires marchands; le lendemain il en détruisit une trentaine d'autres.

Les officiers du régiment de Boulonnois, qui tenait garnison à Saint-Malo, voulaient organiser la défense du *faubourg*, c'est-à-dire de Saint-Servan, mais La Châtre s'y refusa, et Saint-Servan n'eut pour défenseur qu'un négociant armateur, nommé Gilles Lécoufle, trésorier et syndic de la paroisse, qui alla demander à Marlborough d'épargner la ville et les habitants. On lui promit de respecter la ville, moyennant une livraison de vivres pour 20,000 hommes. Il se procura péniblement 4,000 livres de pain, plus un peu de beurre, et ménagea si bien cette provision qu'il réussit à satisfaire toutes les exigences de l'ennemi avec 800 livres seulement.

Le 8 juin, Marlborough, des hauteurs de la Cité, inspectait les remparts de Saint-Malo, lorsqu'un boulet, le frôlant, tue un des dragons de son escorte. Par vengeance, il ordonne de mettre le feu à deux corderies situées au centre de Saint-Servan, ce qui eût amené l'incendie de toute la ville. Lécoufle accourt de nouveau, atteste les promesses de la veille, obtient le retrait de l'ordre terrible — et sauve Saint-Servan.

Cependant Marlborough, s'étant convaincu de l'impossibilité de prendre Saint-Malo sans un long siège, craignant en outre d'être surpris par l'armée que le duc d'Aiguillon rassemblait pour le combattre, quitta Paramé le 10 juin 1758, s'enferma le soir de ce jour dans son camp retranché de Cancale, se rembarqua à loisir le 11 sans être inquiété, et le 12 au matin délivra de sa présence la terre bretonne.

Cette invasion, généralement assez douce pour les personnes, dévasta horriblement les campagnes et ruina le port de Saint-Servan. Une enquête, faite quelques mois après sur l'ordre des États de Bretagne, constata que le dommage causé par l'ennemi s'élevait à la somme de 3,363,218 livres, soit en valeur actuelle plus de treize millions.

DESCENTE DES ANGLAIS A SAINT-BRIAC
BATAILLE DE SAINT-CAST

(4-11 septembre 1758.)

Le 4 septembre 1758, une nouvelle flotte anglaise débarqua une armée de 9,000 hommes dans la baie de la Fosse, entre Saint-Lunaire et Saint-Briac. Le général Bligh, qui commandait ces troupes, voulait d'abord attaquer Saint-Malo et fit dans ce but une reconnaissance sur Dinard; la présence dans la rade de plusieurs vaisseaux de guerre l'obligea de renoncer à ce projet. Son expédition fut conduite d'ailleurs avec une révoltante brutalité : elle incendia les villages, les bateaux de pêche, commit maintes cruautés contre les personnes.

Le 6 septembre, la flotte anglaise, poussée par le vent, fut contrainte d'aller mouiller dans l'anse de Saint-Cast; Bligh jugea alors prudent de la suivre et se mit en marche en menaçant Saint-Brieuc. Il comptait passer l'Arguenon à marée basse, au Guildo; mais deux hommes de cœur, MM. Rioust des Villes-Audrains et de la Ville-au-Comte, barrèrent le passage à toute l'armée anglaise avec une centaine de volontaires et l'arrêtèrent pendant trente-six heures, jusqu'à ce qu'un traître eût rassuré les Anglais en leur révélant qu'ils n'avaient devant eux qu'une poignée d'hommes. Les ennemis passèrent l'Arguenon seulement le 9 septembre au soir, et allèrent occuper Matignon le lendemain au point du jour.

Le duc d'Aiguillon, coupable d'une grande faute pour n'avoir pas sérieusement défendu le gué du Guildo, avait désigné Matignon comme point de concentration à sa petite armée, dont la première colonne arrivait de Brest, la seconde de Dinan et de Saint-Malo, et la troisième occupait Plancoët.

S'étant laissé devancer à Matignon par les Anglais, les troupes françaises se concentrèrent un peu plus au Sud, à Saint-Potan, où elles formèrent un corps d'environ 7,000 hommes, sans compter les milices garde-côtes. La razzia projetée par Bligh du côté de Saint-Brieuc devenant impossible par la présence de ces troupes, il résolut de rejoindre sa flotte au plus tôt. Dès le 10 au soir, il dirigea vers Saint-Cast une partie de son armée, et le reste le 11 au matin. D'Aiguillon, lancé à sa poursuite, arriva le lundi 11 septembre 1758, vers neuf heures, sur les hauteurs de Saint-Cast : deux corps anglais étaient déjà rembarqués, le troisième seul, fort d'environ 3,000 hommes, restait encore sur la grève.

Cette arrière-garde, composée de l'élite de l'armée, comprenait toutes les compagnies de grenadiers et plusieurs compagnies du régiment des Gardes. D'Aiguillon ne pouvait opposer à de tels soldats ses milices garde-côtes, aussi les avait-il laissées en arrière. Il divisa et posta ses troupes en trois colonnes : celle du centre, commandée par M. de Broc, devant le bourg de Saint-Cast; celle de gauche, aux ordres de M. d'Aubigny, au village de Lesros; celle de droite, sous M. de Balleroy, en avant du village de la Garde. La première ne comprenait que 1,500 hommes, la seconde 2,000, et la troisième, considérée comme devant jouer le rôle le plus important, était forte de 3,000 hommes. En tête de chacune d'elles étaient placés une vingtaine de volontaires bretons, gentilshommes et bourgeois.

D'Aiguillon attendit assez longtemps une batterie de huit pièces, qui prit cependant peu de part au combat, et la lutte ne commença que vers onze heures du matin. Il voulait faire assaillir l'ennemi par une charge convergente et simultanée de ses trois colonnes; mais d'Aubigny avec la colonne de gauche, impatient du retard, se mit en marche sans en avoir reçu l'ordre et descendit vers la grève par un chemin creux.

Au débouché de ce chemin, sa colonne, assaillie par le feu de la flotte et du corps anglais, s'arrête hésitante, n'osant traverser à découvert les sept cents mètres qui la séparent de l'ennemi. L'avant-garde, formée de trois cents grenadiers et de vingt volontaires bretons, continue seule sa marche, mais elle s'arrête à son tour trois cents pas plus loin, et se couche derrière les mamelons de sable qui sillonnent la grève. La situation devient critique, car des autres colonnes françaises aucune ne bouge. D'Aubigny s'avance vers les volontaires et crie :

« — Allons, Messieurs, c'est à vous de « donner l'exemple ! »

Aussitôt, les volontaires se lèvent et à travers la mitraille courent sur l'ennemi tapi derrière ses retranchements. Les grenadiers s'élancent sur leurs traces ; à vingt pas des Anglais, ils font une décharge générale et se jettent sur eux aux cris de : « Victoire ! vive « le Roi ! » Les rangs ennemis sont rompus, leurs chefs s'efforcent en vain de retenir les fuyards.

A cette vue, le reste de la colonne de d'Aubigny accourt renforcer son avant-garde ; la colonne du centre s'ébranle à son tour. Seule celle de droite, par un malentendu inexplicable, demeure immobile, mais son concours n'était plus nécessaire pour rendre la victoire complète. Un grand nombre d'Anglais se jettent à l'eau et se noient ; deux grandes barques chargées de sept cents soldats sombrent à moitié chemin de la flotte. Un groupe de grenadiers ennemis parvient à se reformer, mais acculé à la pointe de la Garde, il est obligé de se rendre.

Le chevalier Mazin, ingénieur de la place de Saint-Malo, témoin oculaire du combat, a écrit une relation de cette affaire, dans laquelle il affirme — outre les 700 hommes noyés — avoir vu inhumer 1,160 soldats anglais et avoir compté lui-même 732 prisonniers, que les vainqueurs, dit-il, dépouillèrent de leurs vêtements et mirent *in naturalibus*. Les pertes du côté des Français furent, exactement, de 7 officiers et 145 soldats tués, 57 officiers et 283 soldats blessés.

Telle est la célèbre bataille de Saint-Cast. Les historiens anglais se plaisent à répéter qu'un petit corps de leur nation y fut défait par une armée française trois fois plus nombreuse : la vérité est que 3,000 soldats d'élite y furent détruits par 300 Français, entraînés par M. d'Aubigny, et vingt volontaires bretons ! Les noms de ces volontaires doivent passer à la postérité, ce sont : MM. de Cucé, de Montaigu, du Bois de la Motte, de Robien, d'Assy,

Narbonne de la Cornillère père et fils, de Caud, du Bois-au-Voyer, Tranchant des Tulays, de Kerguézec (le grand patriote breton adversaire de d'Aiguillon), de la Motte-Montmuran, Scott de Martainville, Péan de Ponphily, de Launay-Danican, Beauvais, Grout père et fils, Sohier de Vaucouleurs et La Bretonnière.

SIÈGE ET PRISE DE BELLE-ISLE PAR LES ANGLAIS

(7 avril - 7 juin 1761.)

Nous ne pouvons omettre ici l'entreprise, sinon la plus importante, au moins la plus heureuse, des Anglais contre les côtes de Bretagne au xviiie siècle, — le siège et la prise de Belle-Isle en 1761.

Le 7 avril, une flotte anglaise, forte de quatorze vaisseaux de ligne, une frégate, cinq galiotes à bombes, et de nombreux transports, commandée par l'amiral Keppel, portant une armée de 12,000 hommes au moins sous les ordres du général Hodgson, se présenta devant Belle-Isle. Le lendemain, elle mit à terre 4,000 hommes à la pointe de Locmaria.

Le général français, chevalier de Sainte-Croix, gouverneur de l'île et de la citadelle du Palais, n'avait pour toutes forces que 4,000 hommes de troupes régulières et un millier de gardes-côtes. Avec une partie de ses troupes il s'opposa au débarquement, battit rudement les 4,000 hommes mis à terre et les obligea à se rembarquer.

Mais quinze jours après (le 22 avril), ayant reçu des renforts, les Anglais firent une seconde descente, et cette fois Sainte-Croix, malgré d'opiniâtres efforts, ne put les contraindre au rembarquement. Toute leur armée prit terre et vint assiéger la ville et la citadelle du Palais.

Sainte-Croix, assailli sur terre par une armée de 12,000 hommes, sur mer par une flotte portant 400 canons, fit pendant quarante-cinq jours la plus courageuse, la plus habile, la plus admirable résistance, et ne rendit la place, le 7 juin 1761, que quand il n'y avait plus nul moyen de tenir. Aussi, en raison de cette belle défense, obtint-il l'une des plus honorables capitulations dont fasse mention l'histoire des sièges :

« Toute la garnison (dit la capitulation) « sortira par la grande brèche avec les hon- « neurs de la guerre, tambour battant, dra- « peau déployé, mèche allumée ; elle empor- « tera trois pièces de canon avec douze coups « à tirer pour chacune. Chaque soldat aura

« dans sa giberne quinze coups à tirer. Tous
« les officiers, sergents et soldats et les habi-
« tants pourront emporter tous leurs équi-
« pages; les femmes suivront leurs maris, et
« les enfants leurs pères et mères. »

Cette prise de Belle-Isle tua en Bretagne le
prestige du duc d'Aiguillon. Il fut prouvé
qu'avec 6,000 à 8,000 hommes au lieu de
4,000, Sainte-Croix aurait certainement em-
pêché le débarquement et sauvé l'île, et s'il
avait eu trop peu de troupes, la faute en
était à d'Aiguillon.

Belle-Isle ne fut rendue à la France que
par la paix générale de 1763.

CONFÉRENCE XVII

(1er mars 1894).

DERNIÈRE LUTTE DU PARLEMENT DE BRETAGNE.

(1788)

Après le rétablissement du Parlement en 1774, la Bretagne vécut en paix pendant près de quinze ans, jusqu'au jour où elle eut à résister à une attaque soudaine qui menaça de nouveau les bases de sa constitution.

On était en 1788 : les finances du royaume périclitaient par suite d'un grave déficit qu'on ne savait comment combler. Le ministère Calonne venait de tomber après le rejet de ses plans financiers par l'Assemblée des Notables; le roi avait appelé aux affaires Loménie de Brienne comme contrôleur général des finances, et Lamoignon comme garde des sceaux.

Brienne soumit ses projets de finance aux Parlements; celui de Paris répondit que la nation seule, convoquée en États-Généraux, avait le droit de voter de nouveaux impôts, et tous les autres Parlements s'associèrent à cette déclaration. En face de cette unanimité, Louis XVI promit de convoquer les États-Généraux pour l'année 1792.

LES ÉDITS DE BRIENNE ET LAMOIGNON.

(1er mai 1788.)

Brienne, redoutant cette convocation, résolut de briser l'opposition parlementaire, et il obtint du roi, le 1er mai 1788, six édits modifiant profondément l'organisation judiciaire de la France. Ces édits enlevaient aux Parlements le droit de remontrances et l'enregistrement des déclarations du roi, pour en investir un grand conseil nommé *Cour plénière*, qui recevait, en outre, le pouvoir de consentir provisoirement les impôts en l'absence des États-Généraux. Ils créaient de plus, sous le nom de *Grands-Bailliages*, un nouvel ordre de tribunaux restreignant considérablement la compétence et le nombre des magistrats des Parlements : en Bretagne, les présidiaux de Rennes, de Nantes, de Vannes et de Quimper étaient élevés à la dignité de grands-bailliages.

La Bretagne ne pouvait accepter ce bouleversement de l'organisation judiciaire décrété sans le consentement des États, et dès lors en violation flagrante du traité d'union.

Les 5, 7 et 9 mai, le Parlement de Rennes rendit trois arrêts déclarant illégal par avance l'enregistrement qui pourrait être fait de ces édits, et tous les corps constitués de la ville vinrent à la barre de la Cour adhérer à cette protestation, entre autres la *Commission intermédiaire*, dont le président, l'évêque de Rennes, se rendit à Versailles pour demander au roi de suspendre l'exécution des édits, — la *Commission de la navigation intérieure*, qui était une délégation des États, — le *Procureur-général syndic des États*, avec une grande partie de l'ordre de la noblesse, — le *Présidial de Rennes*, bien que les nouveaux édits l'élevassent au rang de grand-bailliage, — la *municipalité et le corps des échevins*, — la *Maîtrise des eaux et forêts*, — l'ordre des avocats, — la *Faculté de Droit* et les étudiants, — le *Consulat* (tribunal de commerce), — les *procureurs au Parlement*, — les *officiers de la milice bourgeoise*, — le *Chapitre de Rennes*, etc... La noblesse rédigea une déclaration, proclamant *infâmes* ceux qui accepteraient quelques places « non avouées par les lois « constitutionnelles de la province; » et cette déclaration fut couverte de 1,429 signatures.

Le commandant, comte de Thiard, l'intendant, Bertrand de Molleville, chargés l'un et l'autre de l'exécution des édits en Bretagne, s'inquiétaient fort de cette opposition. Le premier, esprit sceptique mais loyal et modéré, avait su gagner l'estime et la confiance de tous les partis; le second, pas très franc, laborieux, mais bourru et très autoritaire, plaisait peu.

Bertrand, sur la promesse formelle de Lamoignon, avait assuré, peu de temps auparavant, tous les conseillers que l'on ne toucherait point au Parlement de Rennes; sa situation devenait donc particulièrement délicate, et pour se tirer de ce mauvais pas, il résolut de se dissimuler derrière le commandant, ce qui lui valut simplement le nom de *Tartufe*.

GRANDE SÉANCE DU PARLEMENT DE BRETAGNE.

(10 mai 1788.)

L'enregistrement des édits avait été fixé au 10 mai. A cette date, dès sept heures du matin, les deux commissaires du roi, MM. de Thiard et Bertrand, entrèrent au Palais au milieu d'une foule qui ne cessait de crier : « Vivent les lois! « Vive le Parlement! » Ils frappèrent à deux reprises à la porte de la Grand'Chambre, où les magistrats étaient réunis depuis plus

de deux heures; le greffier en chef refusa de
leur ouvrir sans présentation de leurs lettres
de créance. Le commandant menaça alors de
faire appeler le régiment de Rohan-Montbazon,
qui occupait la place et le rez-de-chaussée du
Palais; mais à ce moment le procureur-général, M. de Caradeuc, décida le premier président à faire ouvrir les portes. Toutefois, le
premier président, M. de Catuélan, protesta
énergiquement contre la non-présentation des
lettres de créance et contre la présence des
troupes, et il ordonna aux commissaires de
quitter le Palais « pour laisser la Cour déli-
« bérer librement. » M. de Thiard répondit :

« — D'après mes ordres, je ne puis per-
« mettre à la Cour de délibérer. »

A ces mots, tous les magistrats se levèrent
pour sortir; Thiard les retint en exhibant un
ordre du roi pour l'enregistrement des édits.
Chacun de ces édits, après avoir été présenté
séparément au premier président qui gardait
un silence impassible, fut enregistré par le
greffier sur l'ordre du commandant, malgré
les conclusions contraires du procureur-général.

L'enregistrement terminé, vers deux heures
après midi, les magistrats sortirent enfin et
furent acclamés par la foule, pendant que les
deux commissaires étaient assaillis de mur-

mures, de sifflets et de cris : « Haro sur les porteurs « d'ordres! » On leur lança même quelques volées de pierres. Dans la rue de Montfort, un peloton de dragons voulut arrêter la foule, il ne put y parvenir; une lutte sanglante était imminente, lorsqu'un jeune officier, M. de Nouainville, se jeta entre le peuple et les troupes, criant :

« — Mes amis, ne nous égorgeons pas! Je « suis citoyen comme vous. Soldats, halte! »

Il fut porté en triomphe, et cette diversion permit aux commissaires de gagner l'hôtel de Blossac, où demeurait le commandant.

En dépit des édits, le Parlement continua à s'assembler chez ses principaux membres. Le 31 mai, il rendit un arrêt enjoignant à M. de Thiard de faire retirer les nouvelles troupes entrées à Rennes depuis peu, et protestant de nouveau contre les enregistrements du 10 mai. Pour toute réponse, M. de Thiard envoya aux magistrats force lettres de cachet; mais la Cour ayant prescrit d'avance à ses membres de venir déposer ces lettres sur son bureau avant d'y obéir, soixante et quelques conseillers, porteurs d'ordres d'exil, se trouvèrent réunis le 2 juin à l'hôtel de Cuillé, chez le président de Farcy.

JOURNÉE DU 2 JUIN 1788 A RENNES.

La séance, commencée à six heures du matin, se prolongea jusqu'à six heures du soir, menacée tout le jour par trois régiments massés sur la Motte, devant l'Hôtel-de-Ville, et sur la place du Palais. Sur le vu des lettres de cachet déposées par ses membres, la Cour ordonna à ceux qui les avaient reçues de continuer leurs fonctions.

A ce moment, par une singulière coïncidence, le Parlement reçut du garde des sceaux une dépêche datée du 26 mai, qui lui enjoignait d'enregistrer des lettres du roi relatives à l'organisation du siège de justice de Saint-Brieuc. Ordre inexplicable, puisque le Parlement avait reçu défense, dès le 10, de vaquer à ses fonctions; aussi la Cour en prit-elle prétexte pour déclarer *obreptices et subreptices*, c'est-à-dire mensongers et nuls, les édits enregistrés le 10 mai, et fit-elle notifier aussitôt par trois huissiers son arrêt au commandant.

Celui-ci répondit à la notification en envoyant le grand-prévôt de la maréchaussée, M. Piquet de Melesse, ordonner à la Cour de se disperser et d'obéir aux lettres de cachet; mais M. de Melesse ne savait comment pénétrer dans l'hôtel de Cuillé, dont le greffier lui refusait l'entrée, couverte et défendue en quelque sorte par une foule compacte. Homme d'honneur et de cœur, partagé entre ses sympathies pour la cause des libertés bretonnes et l'accomplissement de ses fonctions, dont il avait vainement tenté de se démettre, hésitant à attaquer de vive force le dernier asile du Parlement, Melesse tombe évanoui... On l'emporte en proie à une fièvre brûlante, qui fut le début d'une longue maladie.

Ce dramatique incident redouble l'enthousiasme de la foule; M. de Thiard enjoint alors à d'Hervilly, colonel du régiment de Rohan qui occupait la Motte, de dégager les abords de l'hôtel de Cuillé et d'ordonner au Parlement de se disperser, tout en recommandant à ses soldats de ne pas faire usage de leurs armes. Il était environ midi.

D'Hervilly s'efforce pendant cinq heures d'obéir à cet ordre; mais la foule, convaincue qu'il voulait forcer l'entrée, s'y oppose de tout son pouvoir.

Elle pousse les dragons, les sépare les uns des autres, les bouscule, les renverse de leurs chevaux et reste toujours maîtresse de la place. Le colonel, pressé lui-même, injurié, reçoit plusieurs cartels, dont l'un d'une jeune pensionnaire qui lui propose un duel au pistolet. Deux fois M. de Caradeuc va à l'hôtel de Blossac prier le commandant de faire retirer les troupes : sur les conseils de l'intendant, Thiard s'y refuse. M. de Caradeuc, suivi des magistrats du parquet, parcourt alors la foule en lui recommandant le calme; d'Hervilly, de son côté, ordonne à ses dragons de décharger leurs armes en l'air pour prouver au peuple qu'il ne fera pas tirer sur lui. Malgré ces sages précautions, une collision devient imminente. Enfin, vers cinq heures du soir, au moment où le Parlement allait se décider à lever la séance, les troupes rentrent dans leurs quartiers, aux applaudissements de la foule. La Cour rend alors un arrêt condamnant tous les fauteurs des édits, et descend en corps dans la rue pour reconduire à leurs domiciles, au milieu des *vivats* de toute la population qui se presse sur son passage, le premier président, le doyen et le procureur-général.

Le Parlement tint deux autres séances, les 3 et 6 juin, pour bien constater sa résistance, puis il s'ajourna indéfiniment, afin d'éviter le retour des troubles.

Les conseillers se préoccupèrent peu des lettres de cachet qu'ils avaient reçues; il y en eut même à qui l'on ne put jamais remettre celles qui les concernaient. M. du Couëdic, par exemple, s'était enfermé dans son cabinet à l'arrivée des exempts de la maréchaussée, menaçant de faire feu si l'on tentait de forcer sa porte ; il sortit tranquillement par sa fenêtre, laissant les deux sentinelles postées dans son antichambre croquant le marmot.

CONTINUATION DE LA RÉSISTANCE EN BRETAGNE.

Le gouvernement rencontra aussi, en Bretagne, une grande résistance pour l'installation des *grands-bailliages*. Les présidiaux mêmes, auxquels on avait donné avec ce nouveau nom, une grande extension de pouvoirs, renvoyaient, comme ne les concernant pas, les pièces qui leur étaient adressées sous ce titre[1]. Le peuple joyeusement les tournait en dérision ; un jour, vingt ramoneurs, affublés de robes en toile cirée et de rabats en papier, vinrent processionnellement sur la Motte, sous les fenêtres de l'intendant, parodier une séance du grand-bailliage.

Bertrand de Molleville était particulièrement en butte aux sarcasmes de la foule : un matin, l'écriteau placé à l'angle de la rue Ber-

[1]. Quimper fut la seule ville où, par suite de circonstances locales, le grand-bailliage fut bien accueilli, et ses adversaires mal reçus.

trand créée par lui et à laquelle on avait
donné son nom, fut remplacé par un autre
portant : *Rue du Tartufe.* On répandait dans
le public des chansons comme celle-ci :

Bertrand est un f...u coquin,
Tout le monde ici le sait bien,
Qui mérite la danse,
Eh bien !
Qu'on fait sur la potence,
Vous m'entendez bien.

Après la journée du 2 juin, les protestations se multiplièrent de plus en plus, presque
toutes fort ardentes, fort sérieuses ; quelques-
unes, pièces satiriques très piquantes, entre
autres, celle des femmes et filles de Rennes,
celle des dames et demoiselles de Guérande, etc.

Le 31 mai, la Commission intermédiaire
des États avait présenté au roi des remontrances qui furent fort mal reçues. Le 20 juin,
un arrêt du Conseil cassa les derniers arrêts
du Parlement. — La noblesse aussitôt rédigea
une nouvelle protestation, le 5 juillet, et la
fit porter au roi, revêtue de 1.410 signatures,
par douze députés : Louis XVI, au lieu de les
recevoir, les fit enfermer à la Bastille. — A la
nouvelle de cet emprisonnement, le Parlement
délégua douze de ses membres pour demander

leur élargissement (24 juillet) : ils furent arrêtés en route et forcés de rentrer à Rennes. — Avant leur retour, une nouvelle députation de la Commission intermédiaire était déjà partie : cette fois, le roi consentit à la recevoir (30 juillet), mais il refusa d'ouvrir les portes de la Bastille aux douze gentilshommes emprisonnés ; il promit seulement d'écouter les remontrances des prochains États.

CHUTE DU MINISTÈRE ET TRIOMPHE DU PARLEMENT.

(8 août-8 octobre 1788.)

Pendant ce temps, des représentants de toutes les villes de Bretagne se réunissaient à Rennes et nommaient une grande députation de cinquante-quatre membres, deux de chaque ordre par diocèse, avec mission de maintenir toutes les protestations contre les édits et toutes les revendications de la province.

Cette députation partit aussitôt pour Paris : en y arrivant, elle apprit que le roi avait retiré ses édits le 8 août, et convoqué pour le 1ᵉʳ mai 1789 les États-Généraux du royaume.

Le 23 septembre, le roi rétablit les Parlements. Le Parlement de Paris tint sa séance de rentrée le lendemain, et la députation bre-

tonne y fut reçue avec enthousiasme aux cris
« de : « Vivent les généreux Bretons! Vivent
« nos défenseurs et nos amis! »

Quelques jours auparavant, on avait répandu à Rennes un facétieux placard funé-
raire annonçant, pour le 16 septembre au
soir, sur la place du Palais, les obsèques des
deux ministres tombés (Brienne et Lamoignon), dont les corps, disait le placard, devaient être brûlés après la cérémonie, « attendu
leur grande putréfaction. » — Et en effet, au
jour dit, deux mannequins, qui étaient censés
les représenter, furent jetés dans un splendide
feu de joie, aux acclamations de toute la ville.

Le Parlement de Bretagne reprit ses séances
le 8 octobre 1788.

DERNIÈRE SESSION DES ÉTATS DE BRETAGNE.

(1788-1789)

C'était le triomphe complet de la vieille
constitution bretonne : triomphe décisif en
apparence, et qui pourtant fut suivi, moins
de trois mois après, d'une ruine définitive.

Les derniers États de Bretagne s'ouvrirent
à Rennes le 29 décembre 1788. Les députés
du tiers avaient reçu le mandat impératif de
réclamer diverses réformes, entre autres un

nombre de députés égal à celui des deux autres ordres réunis et l'abolition des privilèges de la noblesse, surtout en matière d'impôts. Le tiers eut le tort d'exiger trop hautainement ces réformes, très justes en elles-mêmes, la noblesse eut celui de ne pas les accepter franchement; choquée par l'emportement du tiers, elle résista, et un conflit éclata.

Le tiers-état refusa de prendre part aux travaux de l'assemblée tant qu'on n'aurait pas fait droit à ses revendications; les deux autres ordres demandèrent, au contraire, la nomination préalable des Commissions, sans même vouloir s'engager à entendre ensuite les demandes du tiers. Celui-ci s'abstint alors de nommer les commissaires chargés de chiffrer et de parapher le registre des délibérations, ce qui rendait impossible tout acte des États, dont les délibérations n'avaient valeur et force authentique que par leur inscription sur ce registre.

En face de cet entêtement réciproque, M. de Thiard suspendit les États (7 janvier 1789). Les deux ordres privilégiés continuant à siéger malgré cette injonction, le fossé creusé entre la noblesse et le tiers s'élargit de plus en plus. Des récriminations l'on en vint aux provocations et aux duels.

Les 26 et 27 janvier 1789, les rues de

Rennes furent même ensanglantées par une vraie bataille : on y vit des bandes de gentilshommes et de jeunes gens du tiers se charger avec fureur. Il y eut beaucoup de blessés et même des morts. Ces luttes à main armée rendaient impossible la reprise des États; le roi les ajourna définitivement le 1er février.

Chose singulière, le petit peuple de Rennes semble s'être d'abord, en cette circonstance, rangé du côté de la noblesse : dans une réunion tenue au champ de Montmorin, il rédigea une requête au Parlement contre les prétentions du *haut* tiers-état, c'est-à-dire de la bourgeoisie.

La noblesse et le haut clergé refusèrent de nommer des députés pour les États-Généraux, en se fondant sur ce motif que, d'après la constitution bretonne, ces députés eussent dû être nommés par les États de la province.

Le tiers-état et le clergé inférieur nommèrent seuls des députés aux États-Généraux, mais en leur donnant très formellement le mandat impératif de conserver les libertés de la Bretagne.

Ce mandat, on le sait, ne fut pas respecté. Dans la nuit du 4 août 1789, excités par l'exemple des deux premiers ordres qui venaient de sacrifier leurs privilèges personnels, certains députés du tiers, n'ayant rien à sacrifier en propre, s'avisèrent d'immoler sur l'autel de la patrie ce qui ne leur appartenait pas : les franchises des provinces et des villes. A leur exemple, les députés bretons offrirent en holocauste les séculaires libertés de la Bretagne, « en réservant (il est « vrai) la ratification des États de Bretagne. » Comme jamais ils ne demandèrent ni cette ratification ni aucune confirmation de cet acte, sous une forme quelconque, par leurs commettants, ils restent, à leurs risques et périls, responsables de la ruine définitive de la constitution bretonne [1].

Après la nuit du 4 août, la Bretagne cessa d'être une province : cette date marque donc le terme de son histoire.

---

1. Pour l'histoire détaillée des événements qui font l'objet de cette dernière conférence, voir le livre de M. Barthélemi Pocquet : *Les origines de la Révolution en Bretagne*, Paris, Perrin, éditeur, 1885, 2 vol. in-12.

ÉPILOGUE

Avant de la quitter cette histoire — dit le conférencier — retournons-nous vers elle une der..re fois, jetons-y un regard d'ensemble; exprimons, s'il est possible, en quelques traits, le génie de la Bretagne, tel qu'il se dégage de la masse des faits, des évènements, qui forment sa vie, son existence nationale.

Le premier trait de ce génie c'est un patriotisme indomptable, attachement passionné, non seulement au sol natal, mais aussi aux mœurs, aux lois, aux croyances, aux traditions, à la langue, à tout ce qui constitue la personnalité morale d'une race et sa nationalité. Pour défendre cette nationalité et le dernier lambeau de terre qui en est le dernier asile, — une ténacité, une opiniâtreté invincible, qui use les victoires des vainqueurs, les conquêtes des conquérants; qui fait des Bretons le type des races *résistantes*, peuples durs, fiers, sans ambition, défenseurs intré-

pides d
vivre et
pant lib
stincts et

Voilà l
les autres
vie natioi
rise leur g

Par deu
l'autre nat
tance, de c
dinaires qu
une nation
conquérant
nellement a
part, un
mœurs, à s
rait les aba
De là chez
l'esprit de l
pour les co
vers un mêm
— la flamm
dente chez r
vante, si p
tonne et qui
religion de l'i
Christ.

Liberté, tr

roit inhérent à toute nation de
vivre indépendante, en dévelop-
nt son existence selon ses in-
aptitudes providentielles.

retons dans leurs rapports avec
ples. Mais chez eux, dans leur
intérieure, comment se caracté-
politique?

its d'abord, qui sortent l'un et
lement de cette force de résis-
ardeur de patriotisme extraor-
vient de signaler en eux. Chez
re, accoutumée à braver les
s individus répugnent person-
ug du despotisme; et d'autre
le fortement attaché à ses
stitutions nationales, ne sau-
ner aux caprices des factions.
Bretons un double courant :
té, l'esprit de tradition ; et
ier, les pousser tous deux
it et vers un but supérieur,
passion de l'idéal, si ar-
ardes et nos saints, si vi-
c toujours dans l'âme bre-
jetée tout entière dans la
l par excellence, — la foi du

on, idéal : voilà le triple

facteur de la vie intime et de la vie publique, de la vie nationale des Bretons.

Sur tout cela planant, pénétrant, dirigeant tout, le haut et jaloux sentiment de l'honneur, si fort, si souverain en Bretagne que la Bretagne en a fait son cri national, sa devise fière et sacrée, à laquelle tous ses enfants, dans le passé, dans le présent, dans l'avenir aussi, n'en doutons pas, ont toujours été et resteront toujours fidèles :

POTIUS MORI QUAM FŒDARI
Plutôt la mort qu'une souillure!

De longs applaudissements accueillent ces paroles, et le conférencier termine en remerciant son auditoire du fidèle et sympathique appui qu'il lui a prêté pendant les quatre années de son cours. Succès dont il rapporte tout le mérite au sujet traité par lui : la Bretagne, — et au sentiment dans lequel il l'a traité : l'amour de la vérité et l'amour de la Bretagne.

TABLE ANALYTIQUE

Rennes. — Imp. Marie Simon.